AS PORTAS DO TEMPO

© 2018 por Thiago Trindade
© iStock.com/Viktor_Gladkov

Coordenadora editorial: Tânia Lins
Coordenador de comunicação: Marcio Lipari
Capa e projeto gráfico: Jaqueline Kir
Preparação e revisão: Equipe Vida & Consciência

1ª edição — 1ª impressão
5.000 exemplares — março 2018
Tiragem total: 5.000 exemplares

**CIP-BRASIL — CATALOGAÇÃO NA PUBLICAÇÃO
(SINDICATO NACIONAL DOS EDITORES DE LIVROS, RJ)**

J58p

    Joaquim (Espírito)
    As portas do tempo / ditado por ; [psicografado por] Thiago Trindade. - 1. ed., reimpr. - São Paulo : Redentor, 2018.
    240 p. ; 23 cm.

    ISBN 978-85-93777-04-2

    1. Romance espírita. I. Trindade, Thiago D. II. Título.

18-47010   CDD: 133.93
                                        CDU: 133.9

Todos os direitos reservados. Nenhuma parte desta edição pode ser utilizada ou reproduzida, por qualquer forma ou meio, seja ele mecânico ou eletrônico, fotocópia, gravação etc., tampouco apropriada ou estocada em sistema de banco de dados, sem a expressa autorização da editora (Lei nº 5.988, de 14/12/1973).

Este livro adota as regras do novo acordo ortográfico (2009).

Vida & Consciência Editora e Distribuidora Ltda.
Rua Agostinho Gomes, 2.312 — São Paulo — SP — Brasil
CEP 04206-001
editora@vidaeconsciencia.com.br
www.vidaeconsciencia.com.br

AS PORTAS DO TEMPO

THIAGO TRINDADE

Romance pelo espírito Joaquim

MENSAGEM DO AUTOR

    Essa obra nos trouxe muita alegria. Primeiro pelo manancial de ensinamentos que o espírito Joaquim nos traz, sempre de forma clara e bem estruturada. Segundo, porque temos um romance que atravessa a história em diversos pontos, narrando os passos de um grupo de personagens que vai descobrindo a moral do Cristo de acordo com suas capacidades. E, nesse processo de auxílio ao próximo, vão, eles próprios, se auxiliando.

    Iniciando a história na alvorada da Era das Navegações, o romance retrata dois irmãos e como a lei de ação e reação se aplica sobre o livre-arbítrio de ambos. Avançando a saga pelo colonialismo brasileiro até chegarmos ao século 20, encontraremos um surpreendente final, que muito nos faz refletir sobre a importância da reforma íntima e o valor que a família tem sobre nossas ações.

    A leitura que o amigo espiritual nos traz, além de informações históricas já conhecidas, apresenta também bastante conteúdo espírita fundamentado nas obras da codificação, as quais elencamos: *Livro dos Espíritos, Livro dos Médiuns, Evangelho Segundo o Espiritismo, A Gênese* e *o Céu e o Inferno*.

É oportuno destacar que nosso modesto livro não traz novidades doutrinárias, como se percebe na maioria das publicações romanceadas que inunda o movimento espírita atual. Tal justificativa, segundo o espírito Joaquim, é simples. De acordo com esse amigo espiritual, há um vastíssimo volume de informações nas obras organizadas pelo grande Allan Kardec e que foram enriquecidas por Emmanuel (chamado por nós carinhosamente de o "Quinto Evangelista" devido à sua obra evangélica) e por André Luiz (denominado em nosso íntimo de "querido médico-repórter" por seus relatos vívidos, humildes e inesquecíveis sobre sua própria saga espiritual).

Esses nobres espíritos de graus evolutivos diferentes trabalharam com o incansável médium Francisco Cândido Xavier, e não seria útil, conforme o pensamento do espírito Joaquim, apresentar novas informações aos irmãos encarnados. Não devemos nos esquecer de Léon Denis, Camille Flammarion, Ernesto Bozzano, Hermínio C. Miranda, Martins Peralva, espírito Joanna de Ângelis (através de Divaldo P. Franco), Yvonne do Amaral Pereira e tantos outros seareiros sérios que marcaram positivamente o movimento espírita.

Segundo o espírito Joaquim, o romance espírita é de suma importância para apresentar conceitos doutrinários de forma simples e atraente, trazendo personagens reais, estimulando a quem lê buscar um grupo de estudos doutrinários para aprofundamento dos conhecimentos. Ademais, acrescenta o espírito venerando, já possuímos informações que precisam ser mais bem compreendidas, vivenciadas e divulgadas e não faria sentido um livro de "novidades", que só atrapalhariam o aprendizado de quem lesse.

Esse pensamento do espírito Joaquim, bem incisivo, é um alerta para todos, sejam médiuns psicógrafos ou leitores, uma vez que as prateleiras estão lotadas de obras que alardeiam novidades sobre o mundo espiritual e poucos livros que abordam os ensinamentos do Cristo de forma clara e estimulante.

Pouco vemos, infelizmente, nas prateleiras, as obras de André Luiz e Emmanuel, e menos ainda livros dos outros autores citados anteriormente. Sobram ofertas de romances que contam histórias, muitas vezes, sem sentido, mas ricas em descrições das chamadas zonas umbralinas, em franca supervalorização do mal, chegando, algumas, a propor títulos honoríficos aos 'líderes' das falanges sofredoras, não acrescentando absolutamente nada ao fortalecimento moral de quem lê.

Afirmando isso, voltamos a uma das pérolas que nosso amigo espiritual ditou certa vez: "Todo livro, até os das ciências exatas, deve contribuir não só com o intelecto de quem lê, mas, sobretudo, com sua moralização.".

Convidamos o leitor a se debruçar sobre essa pequena obra espírita que objetiva contribuir com seu desenvolvimento moral a partir da reflexão da lei de ação e reação e que estimula ao estudo da doutrina espírita.

Seropédica[1], 11 de fevereiro de 2016.

Thiago Trindade

---

1 Seropédica é um município localizado na região oeste da Baixada Fluminense e está a uma distância de 75 quilômetros da capital do estado Rio de Janeiro. (Nota da Editora)

PRIMEIRA PARTE
1418

PERDOAR O OUTRO
É REDIMIR A SI MESMO.

PRÓLOGO

Afonso Borges aspirou o ar salgado, que se misturava com a água doce do rio D'Ouro. Somente um português era capaz de perceber a mistura das águas. Um espírito, de distinta aparência feminina, estava silencioso a seu lado. Contemplando o céu fechado que encimava o porto, o homem de aspecto selvagem sorriu. Sob seus pés, o estalar das tábuas da nau, que comandava com pulso firme, cadenciava com a marola. O capitão fitou o cais do Porto que se aproximava e gritou as últimas ordens.

— Jaime — ordenou Afonso com seu vozeirão habitual — organize os homens! Estão afoitos demais!

Era verdade. Todos os marinheiros do *Santa Clara* estavam trêmulos de ansiedade. Sonhavam despertos, suspirando pelas vozes do querido Portugal, de onde tinham saído fazia três anos. Vinham de Ceuta, cidade conquistada a ferro e fogo pelo rei João I, que organizara um feroz exército de vinte mil homens, oriundos de todas as terras ibéricas e até da Inglaterra. Fora uma guerra brutal e os marroquinos, antigos senhores da cobiçada cidade do norte da África, foram expulsos. Desde então, os sarracenos tentavam recuperar o importante posto comercial e, por ordem do próprio monarca, que havia regressado logo após a conquista, Afonso e seus marujos foram incumbidos de compor as tropas de ocupação, que ficaram sob o comando de Dom Pedro de Meneses.

Naquele tempo, apesar das escaramuças e da batalha de 1418, os portugueses prosperaram com as rotas de comércio que vinham do distante oriente. E os marinheiros do *Santa Clara*, homens duros e ferozes, voltavam para casa com os corpos cheios de cicatrizes e com os bolsos cheios. Lembravam, em seus corações petrificados, dos muitos companheiros que tinham perecido naquela aventura, mas não ousavam proferir seus nomes.

A nau se aproximou do cais. As aves marinhas gritavam furiosamente. Estivadores se reuniam para conseguirem trabalho. O capitão, absorto em seus pensamentos, pressionava os dentes uns nos outros. Nem percebeu que o barco atracara e os marujos aguardavam silenciosos a ordem para desembarcar. Jaime, seu fiel imediato, postou-se atrás de Afonso, que por fim, despertou de seus devaneios.

— Pela barba do Cristo, Jaime — rosnou Afonso — desembarquem a carga!

Com um franco sorriso desdentado, Jaime virou-se e retornou à gritaria com os homens, que explodiram de alegria. A carga, trazida no ventre escuro da nau, foi exposta, enquanto o agente alfandegário subia na embarcação e observava tudo com desdém. Afonso apresentou os documentos ao funcionário real e esperou a conferência. O agente do rei convocou seus próprios ajudantes e ordenou que carregassem as caixas previamente marcadas. Iriam direto para o palácio de Dom João.

— O nobre capitão Afonso Rodrigues irá me acompanhar? — indagou o funcionário, com voz afetada. — Ou irá querer ir para sua casa?

— Claro que vou contigo, Jerônimo — resmungou o outro — acha que vou deixar a carga que trago em suas mãos ágeis? Não mesmo!

— Chama-me de ladrão? — exclamou o agente, escandalizado, e sua voz soava esganiçada — o ponho a ferros!

— Poderia tentar, Jerônimo — riu o capitão — e perderíamos tempo. Eu e você. Andemos rápido! Já vai escurecer e meus homens não merecem esperar mais tempo para encontrarem suas famílias!

Tomando a direção das ruas da cidade, Afonso, sem virar-se para Jerônimo, chamou por Manoel e Peixe. O primeiro era um velho marujo, que mesmo curvado pela idade, era mortal no uso de facas. Sua pele, queimada pelo sol desde a juventude, ficara com um aspecto de couro fervido e não havia um único pedaço dela que não possuísse uma cicatriz.

O segundo, Peixe, era um jovem mouro, que fora resgatado por Afonso após uma batalha em turbulentas águas. Por alguma razão, o capitão não tirara a vida do jovem, que na época tinha apenas onze anos, e agora, com catorze, era um marinheiro tão bom que gozava da confiança de todos. Como seu nome era muito complicado para os portugueses pronunciarem, chamavam-no simplesmente de Peixe.

A cada passo que dava, pelas ruas estreitas e lamacentas do Porto, Afonso sentia seu coração gritar por sua doce Catarina e pelo seu filho João. Tocava a vasta barba escura e os cabelos revoltos. Chegaram às intermináveis obras da grandiosa Rua Nova, uma verdadeira joia aos olhos do marujo.

Cruzando com alguns burgueses, que fingiram não reconhecer o capitão Afonso, chegaram à alfândega, domínio de Jerônimo Dias. Ali, o funcionário do rei conferiu novamente a preciosa carga de especiarias que iria ser enviada para Lisboa, e emitiu um recibo, que foi analisado detalhadamente pelo navegador.

A passos ligeiros, tomando o caminho de volta, Afonso recordou-se de polir a grande cruz de prata que jazia em seu peito. Estava em uma cidade repleta de sacerdotes, com conventos e clérigos por todos os lados. Queria o aventureiro ver sua esposa, mas seus deveres ainda não tinham acabado.

— Afonso! — uma voz de mulher ecoou, vindo de trás do pequeno grupo de marinheiros — senhor meu esposo!

Num rompante, Afonso se virou e viu Catarina, com seus olhos luminosos banhados em lágrimas. Não eram modos decentes a mulher chamar por seu marido daquele jeito, na via pública, e algumas pessoas que testemunharam, balançaram negativamente a cabeça.

Sorrindo, Afonso se apressou na direção da mulher que amava. Conhecera em suas viagens outras mulheres, mas, nenhuma delas era capaz de compreender seus anseios como a doce Catarina, que lhe chegara por meio das negociações de seu finado pai, Antonio Pereira.

Pudicamente, marido e mulher deram-se as mãos, com o corpo vibrando de amor.

— Enfim você veio — sussurrou Catarina, às lágrimas.

— Sim — disse Afonso, sem se dar conta de seu aspecto sujo e selvagem — atravessei a guerra e o mar para lhe trazer tesouros.

— Meu tesouro chama-se Afonso — riu a esposa, que parecia aos olhos do capitão mais magra — e um tesourinho chamado João.

— Onde está João? — indagou Afonso, ansioso pelo filho que contava cinco anos.

— Com Maria Lacerda, lá no alfaiate — respondeu a mulher, finalizando: — ele começou a aprender um ofício!

Afonso franziu o cenho. Seu filho era muito jovem para aquilo. Certamente, se João estava a trabalhar era porque sua esposa estava passando dificuldades. Mas não queria expressar aquilo em público e diante de seus marujos.

— João vai ganhar o mar, como seu pai e seu avô — sentenciou o capitão.

— Sim! — disse Catarina enxugando o rosto.

— Vá para casa, esposa — asseverou Afonso — vou para o barco resolver uns assuntos e logo irei para nosso lar.

Virando-se para seus companheiros de lida, Afonso deixou a mulher e regressou para o *Santa Clara*. E, em seus pensamentos, uma inquietação havia surgido.

CAPÍTULO 1

— Estão todos liberados! — bradou Afonso à sua tripulação, que exultava. — Levem seus pagamentos e não gastem tudo em um dia!

Os endurecidos homens do mar cumprimentaram o capitão e seguiram seu caminho carregando suas pesadas bolsas bem seguras às costas. Iriam, quase todos, bem sabia Afonso, para o bordel. Ficariam no *Santa Clara,* Peixe e o velho Bonfá, que deveriam zelar pela embarcação junto a dois guardas da marinha, que trabalhavam no porto. Com a ajuda de três estivadores, Afonso seguiu com seus pertences para casa.

O navegador tinha em sua retina a bela esposa e o filho, que certamente crescera naqueles três anos de afastamento e sem dúvida não mais se recordava da figura do pai. Fora assim com ele próprio, quando seu pai, Guilherme, partira para as batalhas nas terras de Castela, ou então se arriscando no mar indômito. O mar, dizia o velho aventureiro enquanto sua vida se esgotava quatro anos atrás, estava no sangue dele e dos seus filhos. Fora se esvaindo em sangue que Guilherme morrera, deixando algumas terras e duas naus, uma verdadeira riqueza.

Com os últimos raios de luz, Afonso contemplou seu lar, junto ao rio D'Ouro, que refletia em laranja avermelhado o crepúsculo. A dama espiritual, de cabelos grisalhos e olhar luminoso, sorriu para seu tutelado influindo sobre ele boas vibrações. Mais ao longe, a muralha de defesa da cidade do Porto, nascedouro de Portugal, era uma sombra escura que contrastava com o brilho do rio. As lamparinas de sua casa já estavam acesas e uma coluna fina de fumaça alcançava o céu, que se tornava estrelado.

Com um ribombar, o senhor bateu à porta, como era seu costume, e, agilmente adentrou seu lar, sendo seguido pelos empregados. Catarina, junto à grande mesa do salão, sorria com os olhos marejados e o pequeno João, no alto dos seus cinco anos, estava em pé, imóvel. Com um empurrãozinho da mãe, a criança se adiantou, com visível espanto, por ver o estranho homem de aparência selvagem que irrompeu pela porta de sua casa. Trêmulo, João beijou a mão direita de seu pai, sentindo o cheiro do sal marinho e de suor, mas nada disse.

— Você cresceu, meu filho! — disse Afonso erguendo João, com rapidez, fazendo o garoto gritar de espanto. — Um dia há de navegar comigo!

— Você é mesmo meu pai? — indagou o menino — Parece um dos brutos do cais!

— Ele é seu pai, João — disse Catarina sorrindo e beijando a mão calejada do marido — debaixo dessa roupa surrada e dessa barba há um nobre cavalheiro, que é muito formoso e altivo! Depois de arrumado, saberá reconhecer seu pai!

Afonso dispensou os carregadores, que se retiraram pelos campos, indo em direção à cidade que se preparava para a turbulenta e habitual noite. O capitão fez uma curta prece no oratório, que era um dos principais pontos da casa, e sentou-se à cabeceira da mesa, como de costume, e sua esposa lhe trouxe um régio jantar. João observava silenciosamente seu pai, ansioso por ouvir suas aventuras, enquanto Catarina inspecionava as vestes do marido.

— Conte-me, Catarina — disse Afonso, empurrando a tigela vazia — por que me parece que tem passado por dificuldades? A abadia não tem zelado por você e João? E meu irmão?

Ruborizando ante a série de perguntas diretas, Catarina baixou o semblante. Sabia que Afonso perceberia as dificuldades pelas quais passava, mas não esperava que fosse quando mal adentrasse a casa. Pedindo auxílio à Nossa Senhora, a esposa do navegador ergueu o semblante.

— Frei Estevão é um anjo de luz, nos auxiliou a cada momento desde que você partiu para a guerra, longe daqui, — respondeu Catarina com o semblante grave — mas seu irmão em nada ajudou. Nem por mim, nem por nenhuma esposa, cujo marido seguiu contigo. Nuno Borges viu nossa despensa ser reduzida a migalhas e continuou sentado em seu pequeno palácio!

— Enviei dinheiro! — exclamou Afonso, socando a mesa e assustando João, que correu para sua mãe — não precisavam ter passado necessidade.

— Nuno, quando regressou de Ceuta acompanhando o rei — prosseguiu Catarina — deu-me dinheiro, é verdade. Mas depois, não mais. Certa vez fui à casa dele com frei Estevão, e seu irmão me disse... me disse que o que o senhor enviou era apenas o imposto real, e que você também estava passando necessidade!

Afonso ergueu-se e pensamentos explodiram em seu cérebro vigoroso. Seu irmão mais velho era uma ave de rapina. Detestavam-se, mas em respeito ao velho pai, punham as disputas de lado. Mas, o velho Guilherme havia morrido, meses antes da guerra, e não mais havia nada que impedisse de um tentar aniquilar o outro. No entanto, sabia Afonso, que Nuno era o primogênito e herdara, conforme a lei, as terras e o *Santa Helena*, mas, o *Santa Clara*, em testamento, ficara com ele. *Santa Clara* era um navio melhor e maior e mesmo tendo toda a herança de Guilherme, Nuno desejava o barco de seu irmão caçula.

O capitão ainda sabia da fama de conquistador do irmão, possuindo diversos bastardos dentre as empregadas que serviam suas propriedades. Todos os pecados do irmão mais velho de Afonso eram quitados junto aos clérigos com régios pagamentos, à exceção dos frades franciscanos, liderados pelo bondoso Estevão, que desde quando os filhos de Guilherme eram novos, tentava ensinar aos infantes Borges as regras de civilidade e compaixão.

Em vão. Tanto o primogênito quanto o caçula, dizia o frei, eram cães de briga, prontos a se despedaçarem. Quando Guilherme morreu, seu irmão Tomás veio de Évora e aliou-se a Nuno em uma série de negócios. Quando o rei João partiu para a África, os filhos de Guilherme, acatando o último desejo do pai, seguiram juntos, tutorados pelo tio. Lutaram juntos e, não raro, um protegeu as costas do outro. Mas após a conquista da importante cidade, Nuno influenciou o monarca a deixar o irmão com as forças ocupantes.

Enquanto se recordava de tudo aquilo, Afonso, ainda de pé e diante de sua família, sentia a amargura em sua boca por ter pedido a Nuno que zelasse por Catarina e João. Piscando, o capitão viu seu filho pegando em sua mão espalmada sobre a mesa. Tanto ele, mesmo criança, quanto Catarina haviam sobrevivido ao abandono. Eram Borges. Uma pelo matrimônio e o outro pelo sangue.

— Nuno pode esperar! — bradou Afonso sorrindo.

Contemplando aquela cena, a dama espiritual elevou seus olhos luminosos em orações. Sabia ela que os planos estavam severamente ameaçados.

CAPÍTULO 2

No dia seguinte, refeito e asseado, Afonso abriu a porta de seu modesto lar. Sonhara com sua adorada mãe, desencarnada há muito tempo. E ela lhe falara palavras de confiança e o alertara para a pequena fortuna que amealhara nas aventuras além-mar. Afonso sabia que ganhara o suficiente para ampliar a modesta casa e quem sabe, adquirir alguns lotes de terra. Com o prestígio que reunira, podia conseguir melhores preços pelos seus produtos, e seu barco agora estava habilitado para buscar mercadorias em Ceuta e até mais além, se assim quisesse. O jovem capitão sonhava. E sonhava alto.

Enquanto devaneava à soleira da porta, uma silhueta surgiu por detrás de uma velha oliveira. De passo lento, mas decidido, frei Estevão avançava. O velho religioso sorria e, ao se aproximar, enlaçou Afonso.

— Capitão Afonso Borges — gargalhou o velho, quando usou o título do jovem que vira nascer e crescer — finalmente se atreveu a tomar o caminho de casa!

— Também senti sua falta, velho — riu Afonso, pois muito amava aquele velhinho, um sacerdote bem diferente dos ferozes dominicanos — está mais desdentado e curvado, mas folgo em vê-lo com vida!

— Quando Deus tiver adquirido mais paciência, em sua infinita paciência, para me aturar, irá me chamar para seu lado — disse frei Estevão fazendo o sinal da cruz solenemente.

— Viverá mais que o velho Matusalém! — gargalhou Afonso, enquanto o pequeno João agarrava suas pernas.

Catarina surgiu carregando um grande balde de água. Com delicadeza, a esposa de Afonso pediu a bênção ao sacerdote amigo e entrou para continuar seu serviço. Com um aceno, frei Estevão indicou a Afonso que lhe acompanhasse em uma curta caminhada. Dispensando o filho, Afonso seguiu o sacerdote até a beira do velho rio, que habitava fundo no coração dos portugueses.

— Obrigado por ter cuidado de minha família — disse Afonso, com formalidade — contei com meu irmão e ele não fez o que devia pelos parentes.

— Meu filho — retrucou o sacerdote — fiz por devoção aos filhos de Deus. Não precisa agradecer o que fiz por amor. Mas quero que você me escute.

— Não tente me impedir de ir às fuças de meu irmão! — bradou o capitão colérico.

— Nuno alcançou grande prestígio — prosseguiu Estevão, ignorando as palavras tempestivas de Afonso — está mais orgulhoso o seu irmão mais velho. Seu tio também. E de que adianta brigar agora? Nada. Dê graças a Deus por ter voltado de sua aventura inteiro.

— Nuno jurou proteger Catarina e João — volveu o capitão, enfurecido — e se...

— Nada aconteceu — interrompeu o frei pondo o dedo indicador na face do homem mais jovem. — E se tivesse acontecido era a vontade de Deus! Nós cuidamos de Catarina e Joãozinho. Isso é tudo. Há feras piores no mundo, meu rapaz! Por isso, eu quero sua confissão. Duvido que tenha se confessado com os companheiros que resolveram enfrentar esse mar terrível!

Frei Estevão estava irredutível. Afonso conhecia bem aquela expressão. Mesmo velho, frei Estevão, quando enraivecido, lembrava um forte touro que jamais parecia cansar. E grande ainda era sua força física. Diziam alguns dos mais velhos da cidade que, quando jovem, Estevão fora um grande guerreiro, mas que por alguma razão, a qual atribuía a Deus, abandonara tudo para ser um dos Frades Menores, a mais pobre das ordens religiosas.

Seguindo o dedo indicador do sacerdote, Afonso encontrou uma pedra e sentou-se ali, confessando todos os seus atos, bons e ruins, desde quando partira para Ceuta. Atento, frei Estevão aguardou silenciosamente até o término do relato, quando por fim, soltou um sonoro "Graças a Deus!".

— Gostaria que você não fosse até seu irmão — disse Estevão, depois de determinar as intermináveis orações que Afonso teria de fazer para apagar suas dívidas com Deus — não vai resultar em coisa boa.

— Sinto que você e Catarina estão me escondendo algo — sentenciou Afonso, ficando de pé.

— Serei direto então, meu filho — disse o frei depois de algum tempo alisando sua barba grisalha — Nuno anda dizendo que é dono do *Santa Clara*. Ninguém poderia provar que seu pai legara o barco a você. Pelo contrário, há documentos reconhecidos que afirmam que o navio *Santa Clara* é de Nuno.

— Ele é louco!

— Nuno pode ter enlouquecido sim! — concordou o velho — e sei que ele comprou as testemunhas, até o abade Gregório!

— Mas você estava lá! — atalhou o capitão.

— Sim, mas sou minoria — volveu o frei, baixando a cabeça.

— O barco é meu! — gritou Afonso batendo no peito. — O rei João sabe disso!

— O rei João é um grande homem — disse Estevão tocando a cruz tosca em seu peito — e seus filhos serão maiores que ele. Mas ainda assim, nosso bom rei é um homem comum, sujeito a influências...

— O que isso significa, frei? — indagou o jovem.

— Que o rei João apoiará Nuno — disparou o sacerdote batendo com as mãos em sua velha batina.

— Não posso crer nisso — resmungou o capitão — rei João me viu em batalha. Ele em pessoa veio ver o ferimento em meu braço. Seus filhos navegaram no *Santa Clara* e dividimos pão e água! — uma ideia então iluminou os olhos do navegador — o infante Henrique é meu amigo! Ele é muito jovem, mas pode me ajudar.

Frei Estevão recordou-se do mais jovem dos filhos do rei. Um menino esperto, com uma mente ágil e progressista. Mas, sabia o sacerdote, o príncipe pouco ou nada poderia fazer. Pondo as grandes mãos nos ombros do homem que vira crescer, o franciscano apertou-os com toda sua força, fazendo Afonso encolher-se, surpreso.

— Ouça-me — disse o velho — sugiro que pegue Catarina e João e vá para o *Santa Clara*. Convoque seus marujos e retorne para Ceuta. Pague seus impostos e seja feliz.

— E ficar tachado de ladrão? — indagou Afonso — não! Mesmo que eu quisesse, não consigo reunir os marinheiros. Eles estão festejando o retorno do mar! — Com um olhar sinistro, o jovem fitou o amigo — vou até meu irmão dizer-lhe a verdade na cara! Não o temo, nem a ninguém! — dizendo aquilo, virou-se e tomou o caminho de casa.

Frei Estevão o seguiu e Catarina, ao ver o marido transtornado, o agarrou. Lágrimas surgiram nos olhos da mulher que pressentia um grave perigo. O homem deteve-se. Amava demais sua esposa, cujo casamento fora arranjado por seu pai e pelo finado sogro Antonio Pereira.

— Não sou ladrão — disse Afonso.

— Eu sei — retrucou Catarina — mas, não pode brigar com seu irmão e perder tudo. Não juntou riqueza? Deixe o navio com Nuno! Que Nuno morra afogado no *Santa Clara*!

— Não! — gritou o capitão — O *Santa Clara* é meu! Herança de meu pai!

Pondo Catarina de lado, com passos largos, Afonso avançou até onde havia posto sua placa de ferro, uma relíquia que usava orgulhosamente durante a conquista de Ceuta e trazia as marcas das últimas batalhas. Fora herança de seu avô e um presente de seu pai, e que por mais de uma vez, o objeto lhe salvara a vida. A longa espada jazia em dois ganchos fixados à parede e os dois punhais logo foram ajustados à cintura do capitão. Enquanto Afonso se preparava, ajudado pelo filho, frei Estevão orava fervorosamente e Catarina tinha em suas mãos a imagem tosca de Nossa Senhora.

Em seguida, ele colocou as braçadeiras e as atou com as tiras gastas de couro.

Quando, por fim, Afonso pôs seu capacete, que era uma espécie de chapéu de abas largas feitas de ferro, o navegador abençoou seu filho e beijou a testa de sua mulher.

— Eu irei ver Nuno — disse ele com intrepidez — e comigo irá a verdade!

CAPÍTULO 3

Afonso, altivo e armado, caminhava ligeiro pela estrada que levava à quinta de seu irmão. Com ele, frei Estevão resfolegando pesadamente. O religioso suava em bicas e distava alguns passos do jovem, e acenava atrapalhadamente para quem passasse e visse os dois na estrada.

O casarão que Nuno herdara do pai encimava uma colina nas cercanias da cidade do Porto. Tinha um grande aspecto senhorial, com altos muros de pedra escura, que cercavam a casa principal, deixando as muitas casas dos empregados do lado de fora. A morada de Nuno fora reformada e ampliada enquanto Afonso estivera fora. Diante dos portões abertos, Afonso estacou.

— Parece um castelo — disse o capitão em voz alta. — A velha casa de meu pai já não existe mais.

— Como disse, Nuno prosperou — explicou o sacerdote esbaforido. — Ele e seu tio vivem com muitas regalias!

— Meus primos moram aqui? — questionou Afonso a respeito dos filhos de seu tio Tomás, Bernardo e Camilo, dois jovens pérfidos como o pai.

— Bernardo vive em Évora com a jovem que desposou no ano passado, pelo que soube — disse frei Estevão — Camilo deve está bêbado em alguma taverna.

Afonso respirou fundo. Dois lobos a menos. No entanto, esperava encontrar resistência. Ficou preocupado pelo velho, a quem amava profundamente.

— Não seja imprudente — pediu mais uma vez frei Estevão — volte e procure viver longe daqui. Não entre lá!

— Fique aqui, frei — resmungou o capitão pondo instintivamente sua mão sobre o punho da espada — e me espere.

— Não mesmo! — retrucou o outro começando a caminhar na direção do palacete. — Minha presença garantirá sua vida!

Uma criada, carregando um pesado fardo, avistou a dupla subindo pelo caminho que levava à moradia de Nuno Borges. Era uma jovem que certamente deveria ser um joguete nas mãos dos homens cruéis que agora ocupavam a casa que outrora pertencera ao nobre Guilherme Borges, muito respeitado por todos. A jovem, percebendo os trajes de guerreiro de Afonso, deixou o fardo cair, e, ignorando o frade, saiu correndo gritando. Dois homens, com foices, vieram acudi-la, seguidos por uma criança de colo, que estava no encalço deles.

— Não reconhecem um homem de Deus, Álvaro? — tornou frei Estevão gesticulando bastante, como sempre — que recepção é essa?

— Não deixamos de reconhecer homens santos, frei Estevão — retorquiu Álvaro, que estava acompanhado de seu filho Alexandre. — Mas, quando homens chegam de espada e armadura, devemos nos preparar!

— Com foices! — exclamou Afonso, que conhecia o homem que fora servo de seu pai e era um grande hortelão. — Está certo de se preparar como pode para os imprevistos, mas não reconhece o filho mais novo de Guilherme Borges?

O velho agricultor deixou a foice cair bem à sombra das paredes do casarão de Nuno. Com os olhos marejados, Álvaro correu para Afonso e o abraçou com força. Alexandre veio em seguida. Na infância, os filhos de Guilherme e Álvaro foram amigos inseparáveis.

— Meu irmão está? — indagou Afonso aos velhos conhecidos.

— Sim — respondeu Álvaro — e Tomás também. — Por favor, é melhor regressar para sua casa. Nós não sabíamos de sua chegada. Mas, certamente, eles já sabem. Jerônimo, o agente da alfândega, esteve ontem aqui, já tarde da noite.

— Agora sabemos o porquê disso — prosseguiu Alexandre.

— Se estão preocupados comigo, é porque sabem que Nuno trama contra mim — observou o capitão.

— Nuno trama contra tudo e todos — asseverou o hortelão. — Tem muita ambição aquele homem. Dobrou sua fortuna! E seu tio, outra víbora. Verdadeiros pecadores!

— Venham comigo — convidou Afonso — agora tenho recursos! Comprarei terras e viveremos bem! Será como antes!

O rosto dos dois servos se iluminou. Amavam o jovem filho de Guilherme que, embora fosse muito condescendente com seus desejos, era um homem justo.

— Aquela moça, quem é? — perguntou frei Estevão.

— Uma das moças que Tomás trouxe de Évora — disse Álvaro, com um estremecimento — Maria. Uma boa menina, mas vive em pecado, tanto com seu tio quanto com seu irmão — explicou o homem se dirigindo a Afonso. — Tem mais outras três jovens que servem na casa. Todas na mesma situação. Isolda tem um bastardo. Valha-me Deus!

Frei Estevão fez o sinal da cruz. Ao contrário dos três homens em sua companhia, que francamente desaprovavam aquele absurdo, o sacerdote apenas sentia profunda piedade. Quando pudesse, tentaria tirá-las dali, se elas quisessem, pois já vira muitas situações como aquela.

— Onde está tia Filomena? — volveu o capitão, procurando saber da esposa de seu tio — ela não aguentaria essa vergonha.

— Em Évora — respondeu o velho servo. — Nunca mais a vimos, mas Tomás costuma dizer que ela ainda vive, distribuindo sua feiura ao mundo.

Enquanto conversavam, a porta alta e pesada da frente do casarão se abriu. Nuno Borges, acompanhado de um grande cão mastim, surgiu. Trazia nas mãos uma espada, mas um sorriso se abriu, quando percebeu que era Afonso quem chegava.

— Meu irmão! — exclamou Nuno baixando a arma. — Três anos nos separaram! Graças a Deus que voltou! Mandarei pagar trinta missas em sua intenção!

— Temos negócios a tratar, Nuno — disparou secamente Afonso, percebendo a ironia nas palavras do irmão.

— Pois sim, temos — concordou o primogênito de Guilherme. — Álvaro, vá para seus afazeres. Leve seu filho — Nuno então fez uma reverência a frei Estevão: — Religioso Estevão, bom vê-lo também! É bom variar um pouco os homens de Deus que batem à minha porta! Dominicanos demais estão me causando enfado!

Nuno foi absorvido pela escuridão do grande casarão e seu cão o seguiu. Afonso, sem se despedir dos empregados, pôs a mão no punho da espada e cruzou o alto umbral. Engolindo em seco, frei Estevão foi atrás de seu jovem amigo.

Álvaro e seu filho, mal contendo o nervosismo, voltaram para seus afazeres, mas, a todo instante, levantavam suas cabeças na direção do pequeno castelo de aspecto sombrio.

CAPÍTULO 4

Nuno, a passos largos e decididos caminhou até o grande escritório que fora de seu pai. Sentando-se na alta cadeira, feita de madeira escura e ricamente entalhada, o português ficava abaixo do grande brasão da família. Tomás estava sentado à uma pequena mesa ao lado, com rolos de pergaminho em suas mãos ossudas. Era o tio de Nuno e Afonso, um homem magro e com olhar inquieto. O rosto fundamente marcado lhe dava um aspecto envelhecido, que contava com cerca de quarenta anos.

Os olhos de Afonso varreram o lugar rapidamente. Pelo menos ali nada parecia ter mudado. Pareceu ao capitão que a sombra de seu pai estava ali, imóvel e altiva, bem ao lado de Nuno. Inconscientemente, a mão do recém-chegado deixou o punho da espada e alisou a tampa da grande mesa, pesadíssima, que fora de seu pai. O jovem recordou-se de que ele e Nuno haviam ajudado Guilherme a construí-la, quando ainda eram meninos e seu pai havia retornado de uma longa viagem, na qual travara uma guerra e obtivera mais terras e riquezas.

— Lembra-se do dia em que construímos essa mesa com nosso pai? — indagou Nuno oferecendo cadeiras ao irmão e ao frei. — Como nos unimos nesse trabalho! Foi tão bom! Luiza, nossa finada mana, trazia bolos com mamãe!

Afonso ouviu aquilo e não se sentou, ao contrário de frei Estevão. Sua mente ainda divagava. O rosto infantil de sua irmã surgiu em sua frente. Como adorava a pequena Luiza! Mas ela se fora, há muito, ainda na meninice, vítima de uma súbita febre. Sua mãe, Amélia, quedara-se em uma profunda tristeza, o que muito preocupou o senhor seu pai. Quando sua mãe engravidou novamente, em vez de alegria, a preocupação pelo fato de ela não ser mais tão jovem. E, por mais que os padres rezassem, no dia em que a segunda menina gerada no ventre da esperançosa Amélia veio ao mundo, morreu tanto a mãe quanto a criança, que recebera o nome de Célia, já no fundo da cova.

— Não vim falar de mesas — disse Afonso, saindo subitamente de suas recordações — vim falar sobre nós dois! Eu pedi a você que cuidasse de minha família!

— E eu cuidei — atalhou Nuno, com um sorriso — quando voltamos da guerra, a cidade estava infestada de ladrões! Ninguém saía de casa com medo. Cuidei disso primeiro — ele cerrou seus punhos sobre a mesa. — Matei todos os vagabundos dessa cidade. Depois convidei Catarina para vir para cá com meu sobrinho. Ela rejeitou, preferindo ficar com seu cunhado, Arnaldo, que falecera meses depois de tanto beber!

— E o dinheiro que enviei? — perguntou Afonso, percebendo o deboche nas palavras de Nuno. — Quando cheguei estavam à míngua!

— Tenho custos! — retrucou o rico português. — Catarina é teimosa e recusou-me!

Afonso percebeu a falha de Nuno. Ele sempre suspeitara que seu irmão desejasse a cunhada. Quando enviuvara de Cecília, morta no parto como sua mãe, Nuno quase enlouqueceu de desgosto. Acamado, fora cuidado por várias pessoas, dentre elas, Catarina, recém-casada com Afonso, que, por determinação de Guilherme, fez a nora ajudar seu primogênito. As mãos do capitão voltaram para o punho da espada e Tomás emitiu um sibilo.

Nuno recostou-se em seu cadeirão. Percebeu que vacilara. Mas suportou o duro olhar de seu irmão mais novo com visível desdém.

— Falaremos de negócios — atalhou Nuno, pegando alguns papéis. — Os Borges estão prosperando! Temos bons negócios em Castela e em Veneza. Penso em avançar mais para as Índias! E nessa área é onde você entra, Afonso. Sua viagem a Ceuta foi bem-sucedida, pelo que sei. Ficou quase rico!

— O que tenho não é da sua conta — disse Afonso, pronunciando as palavras com cautela.

— Como não é de minha conta? — riu o outro ficando de pé — se você, Afonso, é meu empregado!

— O quê?! — gritou o capitão, tomado por intensa indignação.

— Meu funcionário — repetiu Nuno, saboreando cada palavra — como o capitão Lacerda, que comanda o meu *Santa Helena*. — Nosso pai deixou tudo para mim, e em seu testamento, ele exigiu que você fosse, enquanto quiser, o capitão do *Santa Clara*.

— Louco! — gritou Afonso, irado.

Frei Estevão ergueu-se e suas mãos férreas pousaram na mão que Afonso segurava a espada. O velho fitou os irmãos em silêncio. Já vira aquilo muitas vezes. Acontecera no passado remoto com ele próprio.

— Nuno, você está mentindo — disse frei Estevão calmamente. — Eu sou uma das testemunhas signatárias do testamento de Guilherme Borges.

— Documentos provam o contrário, frei — disse Nuno, enquanto Tomás se levantava e observava a tudo com escárnio em seu rosto. — O abade Gregório e mais cinco padres de incontestável lisura assinaram a escritura, bem como o próprio rei João. O *Santa Clara* é meu.

Afonso sentiu-se sem chão. Súbita vergonha assomou seu coração. Não sabia o que fazer.

— Deus há de castigá-lo por tamanha maldade, Nuno Borges — bradou o sacerdote irado. — Vendeu-se ao demônio! Servo de Mamom!

— Frei — murmurou Nuno — se continuar a me ofender dessa forma, pode aparecer afogado no D'Ouro.

Frei Estevão arregalou os olhos. As veias em seu pescoço enrugado saltaram. Nuno, percebendo que exagerara, tentou dar um passo para trás, esbarrando no pesado cadeirão. O soco de frei Estevão acertou em cheio o rosto do pérfido português. Tomás gritou e um barulho de homens chegando foi ouvido.

— Todos que me ameaçaram estão mortos, Nuno Borges — disse Estevão, em nada lembrando o bondoso frei. — Houve um tempo em que em minhas mãos havia sangue, muito sangue. Hoje, quem leva meus inimigos é Deus, pois nada quero, senão a comunhão com o Criador! Cuidado com o que deseja, Nuno!

Três fortes homens vieram. Traziam espadas e o cão de Nuno rosnava perigosamente. Afonso ameaçou desembainhar sua espada, mas Nuno ergueu suas mãos.

— Nada aconteceu ainda — disse ele aos empregados — velhos camaradas da tomada de Ceuta. Uma discussão de negócios! Apenas isso! Aguardem fora do escritório.

Os homens assentiram e saíram. Tomás estava lívido e Nuno, por sua vez, estava calmo apesar do filete de sangue que manchava sua elegante barba.

— Gosto de você, velho — disse Nuno — e vou fingir que nada aconteceu. Mas saiba que sua letra em um papel de nada serve. Afinal, quem são os franciscanos? E quanto a você, irmão, não vou cobrar minha parte em seus espólios. Fica como um presente. Mas a partir de agora, é meu empregado. O *Santa Clara* é meu!

— Você é maligno — retrucou Afonso.

— Descanse quinze dias, irmão — prosseguiu o outro — depois voltará para Ceuta. E de lá para Veneza. Quero algumas cargas de lá. Mandarei rezar missas em sua intenção.

— Nunca terá o *Santa Clara*! — bradou o capitão. — Ele é meu! Eu o mato se tentar roubá-lo de mim!

— Pense em sua família, irmão — riu Nuno, abrindo os braços — em Catarina e Joãozinho! Não os quer presos, não é?

— Eu mato você — interrompeu Afonso, tomado pelo desespero — agora ou depois, mas eu mato você se encostar em minha família!

Dizendo aquilo, Afonso virou as costas e saiu a passos ligeiros. Frei Estevão fez o sinal da cruz e seguiu o companheiro. Saíram da claustrofóbica mansão de Nuno e aspiraram o ar quente do lado de fora. Em meio às sombras, invisíveis aos homens que lutavam entre si, quatro espíritos ansiavam pela tragédia. A dama espiritual, por sua vez, ladeada por um ancião de aparência angelical e uma jovem de olhar aflito, orava fervorosamente.

CAPÍTULO 5

Em silêncio, Afonso e Estevão deixaram as terras de Nuno, que compreendiam agora um vasto território com muitas fazendas. Caminhavam apressados e lágrimas relutavam em cair dos olhos do capitão. Nunca gostou muito do irmão, mas jamais pensara que a ganância de Nuno não tivesse limites.

— O que você vai fazer? — indagou frei Estevão, ainda com as faces vermelhas.

— Não sei — volveu o capitão — até o rei, a quem julgava ser nobre, está mancomunado com Nuno! Jamais esperei um golpe desses...

— Vou escrever ao Papa Martinho V — disparou o sacerdote, apoiando-se em uma árvore na beira da estrada.

— Não vale a pena — desabafou o outro — o abade de um poderoso mosteiro e o rei são signatários de uma carta de testamento. O papa ouviria a quem? A um capitão obscuro ou a um rei?

— Deus iluminará o santo papa! — insistiu frei Estevão, cheio de convicção.

Retornando à sua casa, Afonso nada disse a Catarina. Mas a arguta mulher percebeu quão terrível tinha sido a discussão entre o marido e o cunhado. Frei Estevão também estava carrancudo e sorveu sofregamente uma caneca de vinho oferecido pela dedicada mulher.

— Percebo que vocês têm muito a pensar — disse Catarina com convicção. — É melhor que o façam de barriga cheia!

Os dois homens comeram pão, carne de porco e caldo, coisa que a família de Afonso se privara nos últimos tempos, e que o dinheiro trazido pelo capitão proporcionara.

Depois da refeição, iniciada e encerrada com orações sinceras do sacerdote, os dois homens resolveram ir à cidade. Precisavam pesar seus possíveis aliados, pois frei Estevão estava certo de que o domínio de Nuno incomodava os velhos poderosos que influenciavam o Porto nos anos anteriores ao seu regresso. O capitão ainda contava com a lealdade de parte de seus homens, que tendo se refestelado na cidade, agora deveriam esperar pelo líder nos arredores do *Santa Clara*.

Chegaram ao cais. Jerônimo, aliado declarado de Nuno Borges, estava lá e fez uma afetada saudação. No *Santa Clara*, Peixe e o velho Bonfá viram o capitão e saltaram da nau com grande agilidade.

Aqueles, pensou Afonso, eram leais e ferozes, seguindo-o onde quer que fosse.

Bonfá informou ao capitão que Jerônimo havia tentado subir ao navio sem autorização ou justificativa plausível e que Jaime, o imediato, surgira e convencera o agente alfandegário a voltar mais tarde, assim que Afonso retornasse.

— Jerônimo nos viu e nada disse — comentou o frei olhando para os lados — o que ele deve querer?

— Apenas vasculhar a embarcação para Nuno — disse Afonso, categórico. — Os dados já foram lançados. Bonfá, sabe onde Jaime está?

— Sim, senhor — respondeu o marujo com certa preocupação por conta do sacerdote que ali estava — com algumas meninas. Ele não tem mais família.

— Vá chamá-lo — ordenou secamente o capitão — e o mande esperar aqui. Peixe, você ficará de guarda até voltarmos. Depois, está de folga.

O garoto sorriu e fez a saudação que aprendera com os marinheiros. Espantado, frei Estêvão abençoou o rapaz, que beijou estabanadamente a mão do sacerdote.

— Ele ainda está aprendendo a ser cristão, frei — disse Afonso enquanto se dirigia com o amigo até um grande casarão no coração da cidade do Porto. — Agora, vamos para a casa do senhor Pedro Prado!

Frei Estevão havia sugerido que procurassem o velho senhor, antigo companheiro de Guilherme Borges, e que fora um dos poderosos da cidade. Ele, em seu casarão, comandava os negócios da família, e sua idade avançada era famosa entre os habitantes do Porto. Um de seus filhos, Sérgio, lutara em Ceuta e regressara com as forças do rei, mas, no ano seguinte retornou à terra conquistada para novas aventuras. Sérgio Prado comandava, sabia Afonso, o navio *São Pedro* e era um homem audaz. Um homem a quem, no exterior, o capitão chamava de amigo.

Os dois homens bateram à porta maciça do grande casarão e esperaram. Um velho empregado com uma grossa cruz de madeira em seu peito encurvado, surgiu. Antônio era o nome daquele homem de aspecto assustador. Após pedir uma bênção ao sacerdote, o empregado permitiu que ambos ficassem aguardando do lado de dentro da morada do velho guerreiro e mercador.

Não tardou e o próprio Pedro Prado, apoiado em um cajado, surgiu. Calvo, enrugado e de fala arrastada, o antigo companheiro de Guilherme convidou os visitantes para um gole de vinho forte em seu escritório. Não tardou que seu neto, Manoel, pouco mais jovem que Afonso, chegasse e de forma extremamente cortês, cumprimentasse o clérigo e seu companheiro.

Embora fosse velho, bem mais idoso que frei Estevão, Pedro ainda tinha um olhar arguto e percebeu imediatamente a longa espada na bainha de Afonso e o suor no rosto do franciscano.

— Imagino que tenham vindo aqui por conta de Nuno Borges, seu irmão — disse o velho, sem rodeios. — Eu esperava que isso fosse acontecer.

— O senhor é um dos signatários do testamento de meu pai — disse respeitosamente Afonso — e não sei se sabe, mas meu irmão falsificou o documento, roubando minha nau.

O velho senhor ouviu atentamente as palavras do capitão. Rapidamente, seus olhos se voltaram para seu neto, que ouvia silenciosamente ao lado do avô. As mãos encarquilhadas de Pedro pousaram a caneca de vinho tinto sobre a mesa e dedilharam o tampo de madeira avermelhada.

— Nuno Borges é um lobo — disse Pedro — um lobo faminto demais, que em breve engasgará. Ele come depressa demais e em grande quantidade. Nem sabe repartir a caça com seus iguais. Ele mesmo foi meu parceiro de negócios, ano passado, apenas para aprender quais eram os contatos que valiam a pena. Acabei descartado. Depois, através de um homem qualquer, comprou propriedades minhas que antes apresentavam problemas e que agora estão mais saudáveis que meu neto.

Afonso, intimamente, festejou. O ancião detestava o rival. Fez uma rápida troca de olhares com o frei, que também pensava a mesma coisa.

— Mas não irei disputar mais nada com Nuno Borges — disparou Pedro Prado. — Estou muito velho e meus filhos são aventureiros! Meus netos são crianças e não têm estômago para uma luta política. Sinto muito, Afonso Borges, mas sei o que veio buscar aqui.

Aturdido, Afonso abriu a boca. As esperanças que criara, assim que lembrara do nome do velho amigo de seu pai, ruíram violentamente.

— Eu sugiro que você pague o que seu irmão diz que deve — prosseguiu Pedro Prado — seja empregado dele e comande o *Santa Clara*, não em nome de Nuno, mas pelo sobrenome Borges.

Em silêncio, Afonso se levantou e cumprimentou seu anfitrião. Com passos firmes, o capitão deixou o velho e seu neto para trás e logo se viu à rua, com frei Estevão.

— Eu fiz algo para Deus que o ofendesse? — indagou Afonso fitando os céus.

— Não ponha Deus em seus problemas, Afonso — ralhou frei Estevão.

— O que fazer então? — perguntou o outro.

Frei Estevão observou um mendigo que passava ali. Era um velho conhecido seu e o chamava de amigo. Gonçalo era seu nome e ele se dizia um homem feliz.

— Aquele mendigo ali é um homem feliz, ao seu modo — disse o sacerdote — ele escolheu seu modo de vida. Tem inteligência afiada, um bom senso de humor, mas simplesmente nunca quis trabalhar e adotou a vida de andarilho até chegar a essa cidade.

— O que tenho com isso? — volveu amargamente o capitão.

— Ele criou dentro dele uma felicidade — respondeu o envelhecido sacerdote — nada o abate. Ele pega as dificuldades e as transforma no que ele quiser.

— Ainda não entendo — asseverou o outro — quer que eu vire mendigo?

— Não — prosseguiu frei Estevão — quero apenas que seja o capitão do *Santa Clara*. Quero que seu filho e sua esposa tenham paz, assim como você. Seja empregado de Nuno. Se tramar contra ele, será destruído. Você e sua família.

— Mudou de lado, frei? — questionou Afonso, espantando as pessoas que passavam por ali.

— Vejo as coisas com mais clareza agora — disse o frei, com súbito brilho no olhar, que na verdade era sugestionado pelo espírito ancião do venerável que estivera ao lado da dama, que acompanhava incansavelmente Afonso, desde que ele chegara da distante Ceuta. — O que dava aos mártires a serenidade para enfrentar a tortura dos perseguidores? A paz de espírito que Jesus tanto falava. Veja, seu irmão é profundamente infeliz e quer espalhar sua tristeza. Não aceite isso. Aceite apenas o trabalho. Junte o dinheiro e compre seu barco. Viva! Nuno permitiu que ficasse com o dinheiro obtido em Ceuta. Uma pequena fortuna pelo que você disse.

— Não é justo! Meu pai foi traído em sua vontade! — insistiu o capitão.

— Você foi traído também — concordou o frei. — Mas o que fazer? Nuno é poderoso demais. Mas, amanhã ou depois quem sabe? Confie na providência divina!

As palavras de frei Estevão pareciam fazer sentido ao orgulhoso capitão. Antes não conseguiria ouvi-las. Mas com a recusa do único homem que poderia ajudá-los, nada mais poderia ser feito. Não iria, nunca, roubar o navio e viver como um pirata. O mar era perigoso demais e jamais um marinheiro que se afastou, regressou à costa. O oceano não poupava.

O português sentiu o cheiro do mar. Por um instante, recordou-se da sensação de cavalgar as ondas, de pé no leme do *Santa Clara*. Com o peito explodindo de alegria, recordou-se de quando seu navio fora lançado ao mar, após uma missa de ação de graças. Lembrou-se também de seu poderoso pai, que mandara construir dois barcos, um para cada filho. Com seus punhos cerrados, Afonso recordou-se de como o irmão invejara o *Santa Clara*.

— Meu irmão não terá o que quer — rosnou Afonso, com um sinistro olhar — não assim!

— Abrande seu coração — disse o sacerdote, pressentindo algo tenebroso — já passou o momento da ira. Agora devemos agir friamente! Pense em sua família!

— Que filho respeitará o pai humilhado? — volveu Afonso. — E meu pai, como ele me recepcionará no céu quando a ele me reunir? Ele vai perguntar o que fiz com o único legado que me deixou.

— Guilherme não quer que seus filhos se matem por ouro ou barcos! — disparou o frei num súbito desespero.

— Chega — disse o capitão — irei para o meu barco agora, frei. E sugiro que não me acompanhe!

Imóvel, frei Estevão viu seu amigo se afastar rapidamente. Sentia que fracassara completamente. Fracassara como religioso, ao sucumbir à fúria diante de Nuno, e como amigo de Afonso, que estava a tomar medidas drásticas. Vencido, o sacerdote se dirigiu ao pequeno mosteiro que dirigia. Ao chegar, deitou-se aos pés da simples cruz que coroava a nave da sede local dos frades menores.

Testemunhando aquela cena, o jovem Manoel Prado permaneceu escondido atrás de uma parede suja. Seus olhos agudos acompanharam a caminhada dos dois homens até que desaparecessem. Ligeiro, o neto de Pedro voltou à sua casa.

51

CAPÍTULO 6

Afonso regressou ao *Santa Clara*. Seus sonhos de aventura se desfaziam como água entre seus dedos. Suas mãos tocaram os cordames e seus olhos, instintivamente, fixaram nas tábuas de seu navio. Jaime estava lá, aguardando ordens, assim como sete de seus marujos, que foram reunidos às pressas. Bonfá e Peixe estavam em seus postos.

Com um silencioso gesto, o capitão indicou que fosse seguido por seus homens. Pensamentos sinistros brotavam no coração do intrépido português. Obedientemente, os marinheiros acompanharam o líder até o ventre escuro do *Santa Clara*.

— Poucos foram reunidos — disse Jaime, se desculpando — mas os outros virão.

— Até lá pode ser tarde demais — retrucou Afonso. — Voltamos para casa depois de tantas aventuras em terras bravias, apenas para seu capitão ser roubado, em plena luz do dia!

O navegador então contou as principais partes do que acontecera a ele, após a chegada ao saudoso cais. Os marinheiros, homens rudes, mas envoltos em uma inquebrantável fraternidade, por conta de tantos perigos que tinham atravessado juntos, escutaram o relato em silêncio. Eram aqueles marujos os mais leais a Afonso, tendo respondido imediatamente à convocação feita pelo imediato Jaime.

— Eu não vou abrir mão da herança que tenho — disse Afonso, cheio de súbita energia — vou lutar. A vocês, companheiros, deixo meu abraço. Estão todos dispensados!

— Não mesmo! — exclamou Jaime, batendo no peito — lutamos juntos na guerra e nos dias duros que se seguiram à conquista de Ceuta, não posso deixá-lo assim de uma hora para outra!

— Nem eu, meu bom rapaz — concordou Bonfá, que era um marinheiro dedicado, mas que era terrivelmente indisciplinado e que nas horas em que mais ficava nervoso, chamava o capitão de *rapaz*. — Para onde um velho como eu iria? Não! Eu estarei nessa guerra a seu lado!

Os outros sete marinheiros, incluindo aí o jovem Peixe, disseram o mesmo. Afonso sabia que eles fariam aquilo, mas precisa cumprir sua parte em liberá-los. O que estava prestes a fazer era muito perigoso e poderia haver luta.

O som de palmas veio do lado de fora. A noite tinha avançado muito. Afonso subiu as escadas e divisou, à luz de tochas, Jerônimo Dias no cais com

53

alguns soldados. Mais atrás, Nuno Borges e seu tio, Tomás.

— Ouvimos dizer que o *Santa Clara* iria zarpar — disse o funcionário do porto — sem papéis e autorização do proprietário. Que diz?

— Digo que é loucura! — berrou o capitão, sentindo o punho de sua espada com os dedos.

— Irmão — disse Nuno — saia do meu navio. É uma ordem!

— O navio não é seu! — volveu o outro, sentindo seus planos serem frustrados — você é um ladrão!

— Como você acusa seu irmão mais velho! — exclamou Tomás, indignado — logo você, que foi tão ajudado por ele...

As pessoas começaram a se reunir no cais para ver o escândalo. Jaime divisou os marujos Gomes e Paulo chegando atônitos: "Eram homens ferozes e seguiam cegamente o capitão", pensou o imediato.

— O que vai fazer? — indagou Jaime a Afonso.

O capitão pensou em Catarina e no pequeno João. Eles estavam em casa, desprotegidos, e frei Estevão desaparecera. Via soldados fortemente armados e o sorriso de escárnio de Nuno. Seu peito doía e sua boca estava seca.

— Está preso! — gritou Jerônimo, por fim — você, Afonso Borges, e seus homens também!

— Venham nos pegar! — gritou Bonfá em desafio. — Venham morrer!

Homens gritaram insultos. Os soldados do Porto, insuflados por Tomás, desembainharam suas armas, um sacerdote dominicano tentou acalmar os ânimos e Nuno ordenou a um de seus empregados que o afastasse. Crianças exaltadas pediam sangue. Uma pedra voou até o rosto de Jerônimo, que caiu ferido, e os soldados avançaram, sob o comando de Nuno.

Com facões, porretes e uma ou duas espadas, os marinheiros do *Santa Clara* lutaram. Afonso, com sua espada desembainhada, estava em pessoa na pequena tábua que servia de ponte ao navio. Um guarda foi gravemente ferido e caiu de lado. Os doze homens de Jerônimo agiam em conjunto com os quinze de Nuno, e uma massa humana empurrou Afonso e seus companheiros para o convés do objeto de desejo dos dois irmãos.

Jaime, o imediato do *Santa Clara*, cravou sua faca no pescoço de um soldado e tomou-lhe a espada. Ele era um guerreiro feroz quando em batalha, e Afonso comemorou o fato de Jaime estar ali. Tamanha era a fúria dos marujos, que tinham travado muitas lutas, que os inexperientes soldados começaram a ser empurrados, com muitos feridos e alguns mortos, para fora do navio.

— Avante infelizes! — bradou Nuno, de espada em punho e o peitoral de aço cobrindo seu tórax. — Quem recuar será morto por mim! Debelem esses ladrões!

Afonso espetou com sua espada um jovem guarda, dando novo fôlego aos seus marujos e companheiros. Mas, naquele novo lance, o próprio Nuno participaria.

O velho Bonfá, escorregando em uma poça de sangue, foi trespassado por uma lança. Gritando, o velho proferiu impropérios até não mais se mexer. Peixe correu para perto do amigo e chorava desesperadamente. Afonso, ferindo de morte um forte homem que servia a seu irmão, fitou aquele que tinha o mesmo sangue que o seu.

Lembrando-se da história bíblica de Caim e Abel, o capitão o desafiou.

No cais, Gomes e Paulo se engalfinhavam com partidários de Nuno, munidos unicamente de seus punhos. As mulheres gritavam e corriam atrás de seus filhos, enquanto Jerônimo, com o rosto sangrando, confabulava com Tomás, alheios à luta que se desenrolava.

Antônio gritou. O cozinheiro do *Santa Clara* tombou diante de duas espadas, e Geraldo, ao se virar para saltar nas águas, teve seu corpo perfurado por lanças. Beltrão se entregou, pondo-se de joelhos, e Nuno arrancou sua cabeça com a espada, bem diante de Afonso que tentava se libertar de seus adversários.

O capitão tinha um ferimento no braço que sangrava abundantemente e com uma manobra de esgrima perfeita, livrou-se dos dois com quem lutava, ferindo-os. Mal saíra do confronto contra os dois soldados, um golpe pesado, em arco, foi aparado por sua espada a poucos centímetros de sua cabeça. O hálito de Nuno chocou-se contra o rosto do irmão, que dobrava os joelhos diante de tamanha pressão. O braço ferido de Afonso tombou de lado, bem no momento em que um grande corte era feito nas costelas do navegador, que aportara saudoso de seu lar naquele lugar.

Desarmado facilmente por Nuno, Afonso ficou caído por sobre as tábuas do *Santa Clara*, enquanto os soldados rendiam os últimos marujos que restavam. Os outros dois que lutavam no cais já haviam sido dominados e surrados pela população descontrolada. Afonso recebeu um violento chute no estômago de seu grande algoz, que erguia sua espada em triunfo.

— Meu irmão está dominado pela graça de Deus! — bradou Nuno, acalmando as pessoas. — Bem quis o Nosso Senhor que Afonso não morresse pelas mãos de seu próprio irmão, vítima de seus atos impensados! — e ele se virou para o irmão caçula, em um gesto teatral: — Eu o perdoo, Afonso, pois Cristo ensina que devemos perdoar incontáveis vezes nossos ofensores. Eu o levarei à minha casa para sarar suas feridas. Não o denunciarei.

Fortes mãos ergueram Afonso, que estava completamente dominado. Os guardas levaram os marinheiros para a cadeia, sob a supervisão de Jerônimo. Logo, a notícia da tentativa de roubo do navio de Nuno se alastraria por toda a cidade.

CAPÍTULO 7

Catarina, apreensiva desde a saída do esposo, não saía diante de seu humilde oratório. João lhe fazia uma muda companhia e suas mãozinhas estavam unidas, em juvenil preocupação com seu pai.

Na manhã seguinte, que surgiu plúmbea e sem ventos, pesadas batidas vieram da porta. O pequeno João, que adormecera no colo materno, despertou chamando pelo pai. Catarina se esforçando para controlar os passos, pois um mau pressentimento reverberava em toda sua fibra de mulher, abriu a porta e se deparou com Gastão, um dos soldados de Jerônimo.

— Senhora — disse o homem, que era primo da esposa de Afonso — seu marido está preso, sob os cuidados de Nuno Borges, seu irmão. Houve uma luta ontem, e o capitão está ferido na quinta dos Borges. É ordenado que a senhora fosse para lá.

Contendo o grito de desespero que surgira repentinamente em seu âmago, a portuguesa nada disse. Não havia o que falar com o soldado, que trazia algumas escoriações no rosto barbudo.

— João — balbuciou a esposa de Afonso com o máximo de equilíbrio que conseguia — vamos ver seu pai.

Acompanhando o primo, com quem não falava por conta do decoro em vigência, Catarina tomou o caminho para a rica propriedade de seu cunhado. No percurso, uma voz rouca ecoou chamando pela jovem. Frei Estevão, com o rosto vermelho e suando abundantemente, já soubera do acontecido e ia para o mesmo lugar que o soldado e a mulher.

— Aconteça o que acontecer — disse o frei — não perca a calma! Confie em Maria Santíssima!

***

Chegaram, por fim, à quinta dos Borges. Um grupo de dominicanos estava lá, sob a chefia do abade Gregório, um homem raquítico e de gestos contidos, bem diferente do velho franciscano, que lhe era rival no coração do rebanho local. Enquanto um era extremamente severo, exceto com os ricos, conforme se especulava, o outro, sempre alegre, estimulava o progresso moral das pessoas sem grandes sacrifícios materiais, mas morais. Os dois religiosos se encontraram diante do casarão e se cumprimentaram com frieza.

— Eu quero ver meu marido — disse Catarina, alheia às disputas entre os dois sacerdotes. — Onde ele está?

— No leito do próprio Nuno — disse Gregório, amável. — Ele foi ferido na luta que provocou e está com os médicos.

Tomás então surgiu e dispensou Gregório, que recuou alguns passos. O tio de Afonso pediu a bênção de frei Estevão e fitou longamente Catarina. Seus olhos, por fim, pousaram em João, de mãos dadas com a mãe. Era aquela criança, pensou o pérfido negociante, uma espécie de Afonso em miniatura: altivo, feroz e incontrolável.

— João está cada vez mais belo — disse Tomás — assim como sua mãe.

— Quero ver meu marido — disparou Catarina.

— Verá, claro — concordou o outro — mas é bom que saiba que Afonso perdeu muito sangue. Os médicos estão fazendo o possível. Nuno está preocupadíssimo!

— Isso não aconteceria se o blasfemador do seu sobrinho mais velho não tivesse tanta cobiça! — gritou a mulher, adiantando-se para entrar no casarão. — Essa sanha por ter tudo feriu meu marido!

— Seu marido não tem direito algum! — obtemperou Tomás, segurando Catarina pelo braço. — Afonso criou um motim onde homens morreram e se feriram. Lares ficaram sem seus chefes por que seu marido tornou-se um ladrão!

Um tapa pesado, saído da mão de Catarina, fez Tomás cambalear. Decidida, a mulher tomou seu filho nos braços e entrou na sombria casa atrás de seu marido.

Frei Estevão fez menção de seguir a jovem, mas com um gesto de Gregório, os guardas impediram a passagem do sacerdote.

— Você não pode passar, frei — disse Tomás, já recomposto. — Já temos os religiosos de que precisamos.

— Enlouqueceram todos! — exclamou frei Estevão.

— O louco aqui é você — interveio o abade Gregório. — Suas palavras mal pensadas resultaram nisso. Se não tivesse levado Afonso Borges pelo caminho da revolta, nada disso teria acontecido.

— Informarei o Papa! — disse o frei, pondo seus dedos no peito seco do outro clérigo.

— Já fiz isso por você, meu irmão simplório — riu o dominicano. — Enviei mensageiros ao amanhecer.

Segurando sua humilde cruz de madeira, frei Estevão baixou os olhos. Rogando forças ao Alto, o sacerdote orou diante de seus adversários.

CAPÍTULO 8

— Você está muito fraco, Afonso — disse Rafael Garcia, o médico — perdeu muito sangue. Deve ficar calmo.

— Já me feri muito mais do que isso — volveu o capitão, sentindo-se imensamente fraco e não conseguindo enxergar direito. — Onde estou? Onde estão meus homens?

— Você está sob a proteção de seu irmão — disse o médico. — Seus homens, que sobreviveram à peleja, estão presos. Podem ser enforcados.

Afonso silenciou. Era difícil falar ou mesmo raciocinar. Lembrava-se da luta e sabia onde estava ferido. O corte no flanco não parecia ser tão profundo. Fechar aquele ferimento não deveria ser difícil para um médico experiente como Rafael.

— Você está me matando! — concluiu o capitão, arregalando os grandes olhos negros.

— Não — disse outra voz, fazendo o médico se levantar do leito coberto de sangue, que era de

Nuno. — Você provocou isso. Já recebeu a extrema-unção, meu irmão. Assim como, diante de testemunhas, declarou-se culpado de seus crimes, confiando à minha guarda seu filho e Catarina, além de suas posses.

Os punhos de Afonso se fecharam e tentaram se erguer. Seu corpo doía imensamente e um grande frio se assomava sobre ele. Jamais o capitão odiara alguém como odiava seu irmão, que sempre o invejara. Sem demonstrar qualquer emoção, Nuno apenas observava a agonia de seu irmão caçula.

Vozes se fizeram ouvir. Com dificuldade, Afonso reconheceu Catarina, que, como uma tempestade, chegou até ele. Nuno recuou, indo comentar alguma coisa com Rafael e seus dois auxiliares.

— Meu marido! — gritou Catarina agarrando-se ao corpo de Afonso, e João se permitia às lágrimas em seu rosto infantil. — O que fizeram com você?

— Pago o preço por ser irmão de um monstro! — murmurou o jovem, que não mais sentia suas pernas. — Amo você, Catarina! Falhei com você e com João! Fui imprevidente e caí na armadilha!

— Frei Estevão está lá fora — disse a mulher enxugando as lágrimas e sujando o belo rosto com o sangue do esposo — ele vai me ajudar a carregá-lo para casa.

— Afonso não tem condições de ir a lugar algum — asseverou Nuno, atrás de Catarina e afagando os cabelos de João. — A partir de agora, eu cuidarei de vocês. Somos uma família e não deve haver rixas entre nós.

Irado, Afonso se agitou fazendo suas feridas sangrarem ainda mais. Gemendo de dor, o capitão acariciou a mulher e tentou abraçar o filho. Mas suas derradeiras forças se esvaíram. Um peso surgiu em seu peito e novo desespero tomou conta de Catarina. Agarrado ao pai, João pedia que ele não morresse.

Um dos auxiliares de Rafael, a passos ligeiros, foi chamar o abade Gregório. Percebendo que seu amigo estava em seus últimos momentos, frei Estevão, reunindo toda sua força, empurrou os homens ali presentes e foi até o quarto onde Afonso agonizava.

Nuno, não querendo fazer frente ao sacerdote de maciça constituição física, recuou. Ministrando os sacramentos em meio às lágrimas, o frei encomendou a alma do querido amigo que vira nascer e tornar-se um impetuoso homem.

— Quando chegar a hora de seu juízo — disse o sacerdote a Afonso — siga a luz! Não abjure ao Cristo procurando o fogo abrasador dos inconsoláveis!

— Jamais terei paz — balbuciou Afonso aos ouvidos do frei — não enquanto Nuno viver e rir sobre os meus ossos!

Dizendo aquilo, um estremecimento doloroso acometeu o corpo do capitão. Assim, Afonso Borges, o intrépido capitão do *Santa Clara*, desencarnou.

CAPÍTULO 9

Gritos intermináveis e dores atrozes faziam Afonso contorcer-se. Suas últimas lembranças, além do navio no qual lutara, eram as paredes da casa de seu pai. O sangue afluía de seu braço e na altura das costelas. Dentro de si, um incalculável vazio que não podia compreender.

Por vezes, sentia alívio de seu sofrimento e conseguia se recordar de sua família. Porém, tão logo as dores amenizavam, o rosto de Nuno surgia e o ciclo de agonia recomeçava.

Certa vez, encolhido num escuro corredor de pedras frias, Afonso viu Catarina, seu grande amor. Trajava a cor do luto e seus olhos estavam fundos. Com um grande esforço, o antigo capitão tentou ficar de pé. Assim que conseguiu, a mulher já havia se afastado. Gritando, Afonso novamente encolheu-se.

De onde estava, após um longo tempo clamando por resgate e por vingança, Afonso viu homens trazendo caixas e embrulhos. A voz de Tomás, estridente, ecoava, disparando ordens sem cessar. Rastejando, Afonso percebeu que estava no grande salão, que parecia ser a casa de seu pai, cujo rosto não se recordava. Gemendo e sangrando, o antigo navegador viu Nuno, seu algoz, entrando de mãos dadas com uma mulher em modestos trajes nupciais.

Meio cego, Afonso se esforçou para reconhecer a mulher que estava ao lado de seu odioso irmão. Quando, por fim, reconheceu Catarina, de face inexpressiva e de olhar baixo, Afonso gritou como nunca. Aniquilado, o espírito sofredor permaneceu abandonado nos corredores do lar onde nascera.

— Senhor, meu Pai Criador — disse uma voz aos ouvidos de Afonso, despertando-o de seu torpor — abençoe meu querido Afonso Borges, que ele busque a paz em seu regaço!

Percebendo uma claridade diante de si, e não reconhecendo a voz que lhe chegava aos ouvidos, Afonso virou o rosto, negando-a.

Reunindo suas forças por meio do ódio, o capitão assassinado conseguiu ficar de pé. Seus olhos injetados procuraram divisar o caminho que o levaria ao seu irmão. Pé ante pé, Afonso percorreu a casa. Não sabia se estava vivo ou morto, mas isso não importava. Seu único desejo era a vingança.

De alguma forma, encontrou o escritório de seu irmão. Nuno se encontrava em seu cadeirão. Engordara, percebeu o espírito, que fitou também o envelhecido Tomás. O cruel tio perdera muito cabelo e o que restava estava branco. Um homem estava ao lado de Tomás, provavelmente um de seus filhos.

— Sou um homem abençoado, meu tio — disse Nuno, sorvendo uma caneca de vinho — meus negócios prosperam! Minha linda esposa me dará um herdeiro! Tudo o que eu quero, eu tenho!

— Deveria analisar melhor seu patrimônio, sobrinho — retrucou o velho, cheio de malícia — seus negócios prosperam porque nós somos rigorosos. Sua esposa já foi mais bela. E seu sobrinho deveria ser despachado!

— Cale a boca, velho! — retrucou Nuno, socando violentamente a mesa e derrubando o vinho no chão. — Não ouse falar assim comigo! Acha que eu preciso de você?

— Não precisa, meu sobrinho — desculpou-se Tomás, submisso — mas acho que deveria ser mais realista.

— Quando meu herdeiro nascer, Catarina vai me amar — disse o cruel negociante. — Foi assim com meu finado irmão. Ela só amou Afonso depois que a criança nasceu. Quanto a João, meu sobrinho, gosto dele. É inteligente, e mesmo depois de tanto tempo da morte de Afonso, é arredio comigo, por conta de Catarina. Mas ele, quando tiver idade, irá para a abadia dos dominicanos. Será um bom sacerdote!

Ouvindo aquilo, Afonso se aproximou de seu irmão. Tentara socar seu rosto, em vão. Mas, o capitão percebeu que não era visto por ninguém.

Despejando seu interminável sangue na caneca já cheia de vinho, Afonso esperou que Nuno sorvesse todo o líquido.

— Você vai me pagar — sussurrou Afonso ao ouvido de Nuno.

Um súbito estremecimento acometeu Nuno, que novamente encheu sua caneca. Observado por Tomás, enquanto seu filho lia documentos, Nuno levantou-se procurando por algo em meio às sombras e saiu.

Faltando forças em suas pernas, Afonso não conseguiu acompanhar o irmão e debruçou-se sobre os dois parentes que exalavam um forte mau cheiro.

— Abutres! — gritou o capitão.

Sentindo vontade de rir, Tomás abandonou o trabalho, e, recostando-se em sua cadeira, começou a recordar das jovens que desviara do bom caminho. Afonso percebeu que uma estranha substância escura saía do corpo encarquilhado de seu tio.

Ali, sabia que encontrara o meio para sua pérfida vingança.

CAPÍTULO 10

Com o passar do tempo, Afonso começou a perceber que influenciava seu irmão e seu tio. Estimulava neles o gosto pelo álcool, pensamentos libertinos e confusão nos negócios. Com o tempo, o espírito conseguia sair do escritório, percorrendo todos os cantos da casa com seu aspecto repugnante. À noite, durante o sono de suas vítimas, os espancava e os aterrorizava.

Mas, desde que se percebera morto, Afonso procurara Catarina. Amava-a profundamente, mas sua vaidade de homem fora ferida, quando vira que ela desposara seu grande inimigo. Sempre que planejava atentar contra a criança, que estava no ventre da antiga esposa, algo o impedia e sua atenção se voltava para Nuno.

Quando Catarina gritou as primeiras dores do parto, Afonso se angustiou e dores atrozes o tomaram. Viu, com seus olhos espirituais, fachos de luz e sentiu profundo temor. Encolhendo-se no escritório do irmão, seu grande covil, e permaneceu lá até que o vozerio dos homens da casa se elevou. Henrique, filho de Nuno, havia chegado ao mundo.

Sentindo-se ultrajado, o espírito sofredor encolheu-se no escritório de seu assassino, imerso em pensamentos cruéis.

— Agora — rosnou Afonso em voz alta — eu vou destruir a todos! Por último, será você, meu irmão!

Alheio aos planos de vingança de Afonso, Nuno comemorava a chegada de seu herdeiro. João, com nove anos, fitava o irmãozinho sem imaginar sua própria sorte. Catarina abençoou o filho recém-nascido e abraçou o primogênito.

— Aconteça o que acontecer — disse a mulher a João — proteja seu irmãozinho!

Ouvindo aquilo, Nuno sentiu uma pontada em seu peito. Esperava que com a nova criança, Catarina deixaria de lado o crescido João. Na verdade, o implacável negociante apreciava a inteligência do sobrinho e gostava até mesmo de conversar com ele, mas o olhar do menino era igual ao de seu finado irmão, o que o afetava profundamente. Chegou, inclusive, a pensar em matá-lo. No entanto, a ideia de enviá-lo para o mosteiro dos dominicanos era uma alternativa melhor. E o faria em breve.

Nos dias que se seguiram ao nascimento de Henrique Borges, Nuno e Tomás estavam reunidos no escritório. Haviam bebido bastante vinho e as opiniões a respeito de uma carga de tecido causavam divergência entre eles.

— Podemos aumentar o preço — disse Tomás ao sobrinho — em Lisboa pagam o que queremos.

— Não podemos — retrucou o outro — aquele italiano, Franco Torloni, pode pegar nossos compradores. Ele tem estado bem audaz nos últimos tempos e já perdemos para ele parte do mercado de Évora. Que, aliás, foi por culpa sua!

Afonso, passando por detrás do velho, encostou sua boca deformada em seus ouvidos.

— Nuno ficou medroso — disse o obsessor a Tomás. — Fomente-o para a hombridade que lhe fez fama!

— Nuno, onde está sua coragem? — disparou o velho. — Depois que seu filho nasceu, parece que prefere ficar à sombra, e não na frente de batalhas! Esmaguemos esse italiano, oras!

Nuno havia passado a última noite em meio a pesadelos, nos quais Afonso, por diversas vezes, o chamara de covarde. Fechando os punhos, o português atingiu o tio com um único soco.

— Nunca mais me chame de covarde, seu infeliz — gritou Nuno, descontrolado. — Eu o mato!

— Não teria coragem! — volveu o outro, ainda sob a influência de Afonso. — Meus filhos acabarão com você! Tudo que você tem foi graças ao meu trabalho!

Enquanto Tomás tentava se levantar, Nuno o pegou pelo colarinho e o arrastou porta afora. A discussão entre os dois homens alertara a todos no casarão. Ninguém, entretanto, dispôs-se a acalmar os ânimos. Com um arremesso de Nuno, Tomás caiu na terra dura e seca que havia na soleira da porta.

    Gargalhando e gorgolejando sangue, Afonso desdenhava da sorte de suas vítimas, enredadas em uma trama de vingança. O velho e encurvado negociante, sem alternativa, foi para a cidade, para o escárnio de todos. Bebendo exageradamente, e influenciado pelo antigo capitão, Tomás foi até o cais, que tinha recebido dois navios para descarregar, tropeçou e caiu nas águas sujas. Somente no dia seguinte o corpo do arguto homem foi encontrado.

    — Que o Diabo o leve para as profundezas! — gritou Afonso, enquanto sombras odiosas agarravam o espírito embriagado de Tomás. — Que você nunca mais veja a luz!

    Logo a notícia da tragédia, trazida por Jerônimo, chegou ao casarão de Nuno. Estarrecido, o português sentou-se em seu escritório e fitou o lugar vazio no qual seu tio o ajudara a tecer tenebrosos planos. Pela primeira vez, Nuno sentiu a solidão apoderar-se dele.

    Regressando à quinta dos Borges, Afonso acompanhou a perturbação que suas ações promoveram. Finalmente, o espírito obsessor viu Catarina. A mulher, a seus olhos, continuava bela, e em seus braços o pequenino João. Com lágrimas nos olhos, o espírito se afastou.

Catarina, em silêncio, observava o sofrimento de Nuno. Bebendo sofregamente, o negociante ordenava ao velho abade Gregório, chamado às pressas, que realizasse inúmeras missas em intenção de Tomás. Temia o cruel assassino de Afonso que o espírito do tio retornasse para assombrá-lo, como fazia seu irmão, quase todas as noites.

CAPÍTULO 11

Suntuoso foi o enterro de Tomás Borges. Toda a sociedade da cidade do Porto viera. Gregório havia convencido Nuno a não fazer um velório prolongado, pois o cheiro da decomposição estava estranhamente forte.

— Culpa do mar — dissera o abade.

De longe, Afonso fitava o evento fúnebre. O corpo de Tomás fora depositado ao lado da cova onde o próprio Afonso tivera sua matéria carnal colocada, na própria área da quinta. O espírito pensava, enquanto ouvia os sermões sem consistência dos dominicanos, onde estaria o espírito maligno do tio.

— Afonso, meu filho — disse uma voz vinda de trás do obsessor — há muito tenho me preocupado com você.

Surpreso, o antigo capitão virou-se. Estava diante de frei Estevão e de uma bela dama, coberta por uma luz tênue. A mulher, para emoção daquele espírito amargurado, era sua mãe.

— Que caminho tortuoso você escolheu, meu filho — disse Amélia, com um sorriso que lembrava a Afonso uma manhã de primavera — chega de vingança!

— Minha mãe — retrucou Afonso — de onde você veio? Não existe céu, nem inferno! De onde, então? E você, frei, está morto também?

— Morri ano passado, meu amigo — disse o sacerdote — após orar, senti algo em meu peito arrebentar. Acordei em outro lugar. Viemos tirar você daqui.

— Não! — Gritou o obsessor. — Quero minha vingança! Fui assassinado pelo meu próprio irmão, que ainda roubou minha mulher e meu filho! Eu destruirei Nuno!

— Não diga isso, meu filho — retrucou Amélia, emocionada — já trouxe muita dor à sua vida! Está enlouquecendo Nuno! E o que induziu o pobre Tomás a fazer!

— Defende seu filho mais velho, mais uma vez, minha mãe! — volveu Afonso, sentindo as dores ficarem mais intensas. — Adoro você, mas, é melhor regressar para o lugar de onde veio. Não verá seu precioso filho, pois ele, em breve, irá para o inferno!

— Você se transformou no inferno, Afonso — disparou frei Estevão — se tornou seu próprio diabo e não dele. Não pense que está punindo Nuno. Está apenas se condenando ainda mais.

— Afonso — ponderou a mãe — eu amo meus filhos. Mais do que você compreende agora. Eu gostaria que você considerasse uma coisa: se arruinar Nuno, o que será de Catarina e das crianças? O pequeno Henrique tem culpa das faltas de seu pai? Ele, por acaso, não é seu sobrinho? A sarjeta é o mais brando para Catarina, João e Henrique? Não ama mais sua família?

Desconcertado, Afonso recuou. A lógica de sua mãe era incontestável. Jamais pensara do que seria feito de João, seu amado filho. Por Catarina tinha despeito, embora a amasse profundamente. Ele ainda não entendia que a mulher amada era um joguete nas mãos de Nuno.

— As orações de Catarina, e de ninguém mais — prosseguiu Amélia — confortaram muitas de suas dores, meu filho. Ela ainda o ama da mesma forma que antes. Mas a ameaça de Nuno a fez tomar as atitudes que adotou. Não a culpe, ela merece ser valorizada por todo o sacrifício.

— Nuno vai escapar? — indagou Afonso.

— Ninguém escapa da lei de ação e reação, meu filho — asseverou, com certo pesar, a mulher. — Nuno pagará o preço que impôs a si mesmo. Não será você o juiz dele!

— Não serei o juiz — concordou Afonso — mas serei o carrasco! Eu suportarei ver meu irmão refestelar-se na sua maldade. Quando, porém, ele deixar a carne, será meu!

Frei Estevão fitou o rosto angelical de Amélia, e baixou a cabeça em oração. A mulher, visivelmente mais evoluída que o antigo frei, fitou o céu plúmbeo. Lágrimas de luz correram por seu belo rosto. Lentamente, os dois espíritos foram embora, seguindo por um caminho do qual Afonso não se recordava.

CAPÍTULO 12

Nuno Borges lutava para respirar. O velho português, suando bastante, se agarrava ao rico lençol asiático que lhe cobria. Sua face, coberta de pústulas, era o menos terrível de seu quadro. Médicos lutavam para manter o rico comerciante vivo, e sacerdotes se reuniam em orações aos pés de Nuno, implorando a Deus que não fosse aquela hora que o velho partisse. Dona Catarina, com seus cabelos grisalhos e o costumeiro silêncio, orava. Todos ali suportavam o mau cheiro que Nuno Borges exalava.

— Não quero morrer! — balbuciava o negociante. — Não quero morrer!

Margarida e Henrique, filhos de Nuno e Catarina, observavam o pai em silêncio. Aguardavam a morte do genitor para, finalmente, se virem livres do jugo implacável de Nuno. João estava ali, junto aos dominicanos, mas era um frei da ordem dos frades menores, pois escolhera o grupo ao qual Estevão, um dia, pertencera. Nuno, ao saber da escolha do sobrinho, concordou. Afinal, era esse o seu desejo também. A ideia dele era que o filho de Afonso não fosse um rival de seus filhos ou mesmo tentasse vingar a morte de seu pai. Mas João era manso desde a infância e jamais representara risco ao velho português.

Enquanto aquela cena de desenrolava, uma tenebrosa malta se reunia, ali mesmo, naquele opulento aposento. Vários espíritos, que sintonizavam com Nuno, estavam lá. Dentre eles, alguns que tinham sido suas vítimas. Havia enorme expectativa de que o velho se reunisse a eles. Então, um tilintar de metal e um cheiro de maresia empesteada de morte fez-se presente. Afonso Borges, carregando uma pesada espada na cintura, chegou, fazendo com que os sofredores ali presentes abrissem passagem. Mancando e exsudando sangue de seus antigos ferimentos, o capitão se aproximou do irmão moribundo.

— Ninguém pode contestar — disse um dos espíritos sofredores — que a maior vítima de Nuno Borges é seu próprio irmão!

— Mas temos que ter nossa chance! — resmungou outro.

— Depois do capitão Afonso — retrucou o primeiro — ou vai sentir a fúria dele!

Pesadamente, Afonso sentou-se ao lado de Nuno. Mais opresso e dolorido, o ancião buscou mais ar. Parecia que um vulto se formava diante de seus olhos embaçados e exauridos. Perdendo a capacidade de falar, Nuno tentou pedir aos sacerdotes que orassem mais, em vão.

— Todas essas dores que sente agora, irmão — proferiu Afonso, com a aparência muito deformada — não são nada perto daquilo que farei contigo!

Aquelas palavras foram ouvidas por Nuno, que tentou levantar-se para correr. Tomado pelo pânico, o agonizante percebeu que seu finado irmão estava à sua espreita. Tentando gritar, Nuno apenas gastava suas energias físicas ainda mais rapidamente.

Entre contrações e mau cheiro, finalmente, se encerrara aquele ciclo existencial para o temível Nuno Borges. Porém, quando seu corpo encerrava seus movimentos, as mãos férreas de Afonso agarravam o pescoço do espírito de seu irmão, que gritava por socorro, sob os aplausos da malta deplorável de sofredores.

— Agora, irmão — rosnou Afonso — vamos acertar as contas!

CAPÍTULO 13

Amélia e Estevão, dentre outros espíritos elevados, a tudo testemunhavam. Viam o resultado das escolhas dos dois seres que amavam. Tinha se dedicado, ao longo de vários anos, a imbuírem neles sentimentos bons. Estevão, porém, era o mais entristecido.

— Falhamos, Amélia — disse o antigo sacerdote — como falhamos!

— Não — retrucou a mulher — semeamos o bem dentro deles. Ao longo dos séculos, ao menos dessa vez, chegaram à idade adulta. Um deles envelheceu. Nuno, dessa vez, preservou o filho de Afonso, e o mesmo foi feito com Henrique e Margarida. Um grande avanço.

— Por quantos séculos isso permanecerá? — perguntou o outro.

— Por quantos séculos eles quiserem — respondeu Amélia — sofrerão enquanto quiserem sofrer.

— E quanto a nós? — prosseguiu Estevão — amamos a esses infelizes! O que faremos?

— Lutaremos pelo nosso próprio crescimento — disse Amélia, cheia de confiança — e no processo iremos abrindo caminho para eles. Imitaremos o grande exemplo de Jesus!

— Jamais deixaremos os nossos amores para trás, por mais teimosos que sejam!

O antigo frei sorriu. Sabia que a imortalidade lhe conferia um justo campo de visão sobre as coisas. Nem de longe possuía a sabedoria e a grandeza moral de Amélia, mas sabia que ela estava certa. Ainda em vida, tinha trocado a violência das armas, para buscar saciar seu primitivo espírito com a luz da verdade, e não se arrependia. Compreendera que as dificuldades que tivera, e que ainda tinha, são frutos de suas ações milenárias. Olhando novamente para a malta de espíritos perturbados que cercava Nuno Borges, arrastado pelo chão por seu irmão, Estevão fez uma sentida prece em benefício de todos ali. Os outros espíritos de luz, que lá se reuniam, acompanharam a oração do antigo sacerdote terreno, fazendo dispersar a malta trevosa que deixou Afonso e Nuno, que não perceberam que eram abençoados.

Com a confiança dos justos e puros de coração, Amélia se retirou para as esferas superiores, de onde iria traçar, com outros espíritos nobres, as novas etapas reencarnatórias de seu grupo.

SEGUNDA PARTE
1726 - 1728

O PERDÃO CRIA O CÉU EM NÓS.

CAPÍTULO 14

Cândido corria o mais rápido que podia. Tentava chegar ligeiro ao feitor. Se o senhor André Teixeira Gomes achasse que ele fora "devagar demais", levaria mais chibatadas do que a última vez. O escravo ao avistar a casa-grande assoviou. Um rosto amigo surgiu na janela da cozinha. Era a escrava Dolores, uma das mais velhas negras da fazenda Santa Clara, que se assentava nas terras da Capitania do Maranhão.

A missão do escravo era avisar dona Joelma de que seu marido iria comer no campo, com seus filhos. Cândido sabia que a senhora, dama orgulhosa, se aborrecia quando o marido e os filhos comiam junto aos escravos e mestiços da fazenda, e costumava descontar sua frustração dando tapas no rosto do mensageiro.

Desferindo dois tapas na face esquálida de Cândido, dona Joelma esperou o escravo levantar, trêmulo.

— Leve, seu imundo — vociferou a mulher com o rosto vermelho — e diga ao senhor Gomes que eu o aguardo aqui, na hora do jantar!

Baixando a cabeça, e de posse de um grande farnel e uma jarra de barro com água, Cândido correu porta afora. Sentia, além do olhar furioso de sua dona, a terna vibração de Dolores, a única pessoa que o tratava com consideração, pois até mesmo os outros escravos, à exceção do velho João Mateiro, um mestiço de branco com índio, responsável por ensinar a língua e o trabalho às "peças", como eram chamados os escravos que chegavam.

João, sabia o escravo, sempre fazia o papel de auxiliar do padre Antonio nas missas. As preces do religioso sempre acalentavam as dores de Cândido, ainda mais quando a estranha criatura, sempre acompanhada pelo cheiro de mar, surgia em seus sonhos ou mesmo quando perambulava pela fazenda de algodão.

Era aquela a causa da aversão dos escravos da senzala a Cândido, que antes de ser severamente castigado no tronco, devolvia o escárnio de seus companheiros de tragédia com agressividade e sentimentos de vingança para com todos. Mas desde que o capataz Juvenal o arrebentara, o escravo ficara mais violento, pois, quase morto, ouvira as ameaças que o espírito maligno lhe fizera. Só de lembrar-se dos odiosos olhos e do cheiro de mar daquela criatura, Cândido estremecia todo. Por não ser mais desejado na senzala, o fazendeiro determinou que Cândido dormisse no casebre de João Mateiro, com duas pesadas correntes a prender suas pernas para que não fugisse.

Naquelas noites curtas, que eram os únicos momentos de descanso, o velho mestiço, que fora educado pelos jesuítas, falava ao negro sobre Deus, Jesus e sua mensagem de amor.

— Se Deus fosse bom mesmo — dizia Cândido — não deixaria que me pusessem dentro de um navio. Eu era filho de um rei!

— Deus não colocou você dentro do navio — retrucava o velho, que, às vezes, punha seus longos e nodosos dedos sobre uma imagem tosca de Jesus crucificado — quem fez isso foram os inimigos de seu pai. Que culpa tem Deus pelas escolhas ruins de seus filhos? Jesus nos disse para amarmos uns aos outros. Fazemos isso? Não.

Pensando naquilo, sobretudo, nas palavras de João, que era tão escravo quanto ele, Cândido encontrou com seu senhor e seus ruidosos filhos, que estavam descansando da lida, sob uma frondosa árvore. O sol escaldante fazia a paisagem tremeluzir, e, sob a sombra, o escravo esperou que os brancos comessem. Com um sutil sinal, Gomes indicou ao escravo que poderia comer seus restos, já que os outros negros comiam a comida que lhes cabia e logo voltariam à lida "interminável" da lavoura de algodão.

***

Naquela noite, já de volta ao barraco de pau a pique de João, Cândido estava deitado no chão duro, como de costume. Sabia que tinha 21 anos, pois em todos os aniversários, seu pai ordenava que fosse realizada uma festa na tribo, que agora não mais existia. E, por ter sobrevivido, sentia imensa vergonha.

— Está triste, Nuno? — indagou uma voz distorcida, fazendo o escravo contorcer-se em meio à escuridão — não tem motivo para isso, não é? — Não vive com um *Santa Clara* maior que o velho barco?

— Quem é você? — balbuciou o negro encolhido — por que me persegue? Não fiz nada a você!

— Você me destruiu, Nuno! — gorgolejou Afonso, mostrando seus dentes apodrecidos e afiados.

— Meu nome não é Nuno! — exclamou o outro, tapando os ouvidos e cerrando os olhos rasos de lágrimas. — Eu nunca destruí ninguém! Me deixe, por favor!

— Você é meu até o fim dos tempos! — rugiu o espírito.

— Vá embora! — exigiu uma voz cheia de autoridade, fazendo Afonso recuar. — Cândido está sob minha proteção! É hora de acabar com esse sofrimento, Afonso!

Arregalando os olhos, Afonso divisou o espírito de João, que tinha uma espécie de corda luminosa que o ligava ao corpo material.

— Nada tenho contigo — volveu o obsessor — mas não vou tolerar mais suas interferências, nem as da negra da cozinha!

João se aproximou do aterrorizado Cândido, afastando ainda mais Afonso. Subitamente, diante dos olhos deformados do antigo capitão, João Mateiro começou a transfigurar-se. Para assombro completo do temível obsessor, frei Estevão se revelava.

— Afonso, abandone a vingança! — pediu João, agora com a aparência de frei Estevão. — Veja seu espírito como está quebrado! Recomponha-se com a paz que o perdão proporciona!

— Você levou Nuno do cativeiro que eu tinha erguido para ele — rosnou Afonso cerrando os punhos — e muito custei a encontrá-lo! Se ele não tivesse me chamado, ainda estaria à sua procura! Por sua culpa, quase perdi minha presa! Que tipo de amigo é você?

— Um amigo que o ama, Afonso — disse o outro abrindo seus braços como fazia antes, em outra vida — deixe a dor para trás, Afonso! Jesus espera por você!

— Não vou perdoar àquele que destruiu minha família! — objetou Afonso, encolerizado. — Certa vez, você e minha mãe me pediram para poupá-lo por um tempo. Assim o fiz! Agora, vocês me roubaram! Onde está a honra e sua palavra, frei?

— Seu mal sobre Nuno não pode apagar o mal que ele lhe fez — asseverou João com firmeza

— vocês se engalfinharam por quase dois séculos! O mal não dura para sempre, Afonso. Apenas a luz! Agora, vá! Ouviu muito e precisa refletir sobre isso.

— Quem é você a me dar ordens? — volveu o obsessor. — Sou chefe de um vasto grupo!

João, ignorando as palavras tresloucadas de Afonso, cerrou os olhos, em oração. Um facho de luz se fez na humilde tapera. Não suportando aquela luminosidade benfazeja, Afonso recuou e correu para as sombras.

O espírito encarnado, embora desdobrado, virou-se para o trêmulo Cândido, que ouvira tudo. Delicadamente, João acariciou o rosto daquele que fora o feroz Nuno Borges.

— Seus ouvidos espirituais ouviram tudo — disse o homem que séculos atrás fora um frei franciscano — e, lá no fundo de sua alma, já tinha consciência de sua própria história criminosa. Quando despertar, assim como eu, iremos nos lembrar de apenas um pesadelo que acabou com um lindo facho de luz chamado amor.

— Você não precisava me proteger... — balbuciou Cândido — se eu também o prejudiquei. Por que faz isso?

— Jesus disse para amarmos uns aos outros — disse o outro, assumindo inteiramente a aparência rústica de João Mateiro.

CAPÍTULO 15

Cândido despertou antes do alvorecer, como de costume. Sentia os ossos doídos, como se tivesse contraído o corpo violentamente. Percebeu que chorara, novamente, enquanto dormia. Mas, pelo menos daquela vez, não conseguia se lembrar do pesadelo. Apenas se recordava de um facho de luz branca e as palavras corriqueiras de João Mateiro: "Jesus disse para amarmos uns aos outros".

O negro percebeu que João Mateiro já tinha despertado e, inclusive, retirado o cadeado que lhe atava as correntes nas pernas. Ficando de pé, o escravo saiu da tapera aspirando o ar doce da manhã que chegava. Embora não entendesse, sabia que algo de diferente acontecera.

— Vá logo para a lida, Cândido! — gritou João, do lado de fora, com as mãos cheias de ervas para serem transformadas em mezinhas curativas, que aprendeu com sua mãe, uma índia capturada na flor da mocidade e que o implacável tempo varrera, exceto da memória do gentil velho.

O escravo correu para junto dos demais negros que, em breve, partiriam para as roças ou outros trabalhos braçais. Os jagunços e o feitor já estavam a postos, com seus ameaçadores chicotes prontos para seu uso. Um ou dois dos pesados cães fila perambulavam, à espera de uma ordem de ataque de seus treinadores.

Assim, eram os dias na fazenda Santa Clara: escaldantes, sofridos e intermináveis. Todas as semanas havia alguma morte de escravo e poucos conseguiam viver, pelo menos, dez anos naquele lugar. Por isso, novas levas de africanos, com seus diversos dialetos, chegavam constantemente. Crianças nasciam naquele lugar de dor, algumas, frutos das relações proibidas dos senhores com as escravas, ou então, dos próprios jagunços, pouco mais do que escravos. E grande parte dessas crianças perecia ainda na infância.

Cândido, por sua vez, ia sobrevivendo dia após dia. Obedecia ao que lhe mandavam fazer e suportava suas dores. Vez ou outra sentia o cheiro do mar em suas narinas, sinal de que o estranho espírito mau estava por perto, mas, orando como João lhe ensinara, não mais tinha pesadelos, nem a sensação de que era observado e escarnecido.

Com a enxada nas mãos duras, o escravo voltava da lida. Chovia e as mudas de algodão que plantara dois meses antes estavam viçosas.

Enquanto seus companheiros cantavam melodias de suas terras de origem, Cândido apenas caminhava. Pensativo, o homem se recordava do sermão do novo padre Leocádio, que viera à fazenda, no qual o sacerdote contara a história de Caim e Abel. De alguma forma, aquela narrativa do Velho Testamento lhe tocara fundamente.

Sob uma chuva mais pesada, Antenor, um dos jagunços, gritou para Cândido, que apressou o passo. O cruel homem, conhecido por espancar os escravos com verdadeira alegria, fitou o esquálido negro.

— O senhor quer você na casa-grande — resmungou Antenor, emburrado como sempre.

Sem pestanejar, Cândido mudou seu caminho e foi para a entrada dos fundos da casa-grande. Dolores e Madalena, outra escrava, estavam na cozinha, junto com Damiana, uma mestiça que era esposa do capataz Juvenal. As mulheres conversavam baixinho, enquanto Dolores batia a massa de pão de milho para assar.

— Cândido — pediu a velha escrava, que era muito considerada por todos em Santa Clara, inclusive pelos senhores — seque-se. — Há novidade para você. O sinhô Gomes quer que você esteja na comitiva que vai à capital buscar mais escravos.

Aquela informação desconcertou Cândido. Jamais esperara aquilo. Muitos homens da fazenda cobiçavam ir até São Luís, mesmo os escravos que de lá vinham, pois qualquer coisa era melhor

93

do que a lida no campo. Mas o cheiro do mar e a lembrança da viagem dentro do ventre do navio negreiro fizeram Cândido balançar compulsivamente a cabeça em negação.

— Eu sei que você se lembra do que aconteceu dentro do navio — disse Dolores com doçura — mas é a ordem do nosso dono. Por alguma razão, ele quer que você vá.

Cândido não temia os navios negreiros menos do que o cheiro salgado do mar, que tomava a cidade. Dolores entregou a massa de pão a Madalena e apertou os ombros magérrimos do jovem escravo.

— É a vontade do sinhô Gomes — disparou a negra — obedeça!

Cândido secou seu corpo com um pano que havia no chão e encolheu-se. Ulisses, filho do senhor, chegou com sua mãe e determinou como o farnel seria preparado. Os olhos belicosos do jovem, que costumava agredir seu irmão mais jovem Augusto, pousaram na "peça" de seu pai.

— Cândido — disse Ulisses com um sorriso cínico — por alguma razão, meu pai quer levá-lo em nossa viagem. Vai escapar do roçado! Mas prepare-se para andar! Não vamos ficar parando para esperar escravos!

— Não amofine o negro — disse dona Joelma para espanto de todos ali. — Cândido, vá dormir no depósito. Agora!

— Tenho que mandar acorrentar esse negro, mãe — interveio Ulisses.

— Ele não irá fugir — retrucou a senhora. — Já está amansado. Afinal, seu pai resolveu levar Cândido, não foi? Vá logo, negrinho!

Falando aquilo, a senhora e seu filho saíram. Com um punhado de farinha e uma caneca de água, dados por Dolores, Cândido saiu da casa-grande e caminhou até o depósito, onde eram guardados muitos víveres. No chão úmido, o escravo deitou e procurou adormecer, em vão. Insone, Cândido, esperou a hora de se apresentar ao senhor Gomes, que iria levá-lo para São Luís, a dois dias de viagem.

CAPÍTULO 16

Nas primeiras luzes do dia, o senhor da Santa Clara e seu filho mais velho já estavam prontos. Estavam visivelmente ansiosos para a jornada e Augusto suportava o escárnio silencioso de Ulisses. Juvenal, o capataz, com mais quatro fortes jagunços logo chegaram com mulas e dois ferozes cães: fúria e dentada. Timidamente, Cândido se juntou a eles, o que muito espantou os empregados.

— Ele vai — resmungou Gomes, indiferente. — Cândido, fique puxando a mula de carga.

Ariovaldo, o mais velho dos jagunços, estendeu ao escravo a guia do animal que era encarregado de levar os mantimentos da dura viagem. O empregado fitou o negro longamente, recordando-se de que ele era, outrora, um rebelde e sinalizou que estaria sempre por perto para que o escravo não tivesse súbitas ideias perigosas.

João Mateiro, bem quando todos já se encontravam montados em seus burros e mulas, chegou.

Estava com o rosto coberto de suor e seus longos cabelos grisalhos estavam despenteados.

— Permita, meu senhor — disse o velho arfando — que eu os acompanhe. Há coisas de que precisamos aqui em Santa Clara e não acho que Juvenal e os rapazes saibam escolher.

— Não temos mulas para todos, João Mateiro — disse Gomes, que confiava na sabedoria do mestiço, pois muitos foram os salvos pelas suas mezinhas curativas — e já está velho para caminhar até São Luís!

— Eu aguento, meu senhor — volveu João — eu aguento!

— Que raiz é essa que lhe faz tanta importância, velho? — indagou Ulisses, impaciente.

— Raízes de grande valia, sinhozinho — respondeu o idoso com determinação — que curam ferimento, espinhela caída e dor de dente.

Gomes, sem dar mais atenção, tocou seu burro, sendo seguido por seu filho. Augusto ficaria administrando a fazenda em nome de seu pai e o jagunço Feliciano iria liderar os escravos e demais empregados que também ficaram. Tinham ordens para matar ao menor sinal de rebelião dos escravos; e dois deles, por precaução, foram postos a ferros para impor o que chamavam de disciplina.

— Por que o senhor veio? — indagou Cândido a João, enquanto caminhavam no fim do grupo.

— Senti que deveria vir — respondeu o ancião — em minhas orações, agora pela manhã, pareceu-me que meu anjo da guarda disse para vir com o senhor Gomes.

O grupo, naquele dia, avançou um grande terreno. A estrada estava enlameada, mas o calor sufocante havia sido amenizado pelas chuvas dos dias anteriores. Ariovaldo, à distância, observava Cândido e João. Quando anoiteceu, haviam alcançado uma vila e Gomes determinou que passariam a noite ali. O senhor da Santa Clara e seu filho estavam ansiosos, e todos, menos Cândido, sabiam o porquê.

Três belas mulheres saíram de um casarão, de onde vinha uma música alta e animada, e Juvenal orientou os subordinados que levassem os animais para um estábulo que ficava ali perto. Gomes e Ulisses entraram naquele local, sob os olhares invejosos dos empregados, que esperaram pelas migalhas do poderoso fazendeiro.

Juvenal e Ariovaldo se aproximaram de Cândido. Nas mãos do feitor havia uma grossa corda. Em silêncio, o escravo compreendeu. Acompanhando os empregados da fazenda, com João em seu encalço, Cândido colocou seus braços e volta de um tronco, que sustentava o interior do telhado da estrebaria, e sentou-se no chão, enquanto o capataz o amarrava.

— Ele não precisa disso — protestou João, contrariado e gesticulando bastante — se Cândido fosse perigoso, o senhor não o teria trazido.

— Cale a boca, velho — esbravejou Juvenal — tanto você quanto esse negro não deveriam estar aqui. Fique quieto ou eu amarro você também, seu bugre teimoso!

— É bom mesmo amarrar João Mateiro — concordou Ariovaldo, que volta e meia pegava alguma mezinha com o mestiço para amenizar suas dores nas costas e os furúnculos que o atormentavam — ele pode libertar o escravo e fugirem por aí.

— Um escravo fugido e um velho não vão longe nesta terra, Ariovaldo — riu Juvenal — mas podem nos fazer um estrago. Mas acho que o velho João Mateiro aqui vai querer dormir deitado, não é mesmo?

Os empregados da Santa Clara deixaram João e Cândido silenciosos, e saíram do estábulo. Um de seus companheiros viera e disse que Gomes convocava seus homens para algum divertimento. Evidentemente, o fazendeiro e seu filho já tinham escolhido quem queriam e as sobras, por mais estranho que pudesse parecer, iriam para seus empregados, que os serviam cegamente.

CAPÍTULO 17

Chegaram, por fim, a São Luís. Aquela cidade fora construída pelos invasores franceses, anos antes e sempre impressionava os homens rústicos da fazenda Santa Clara com suas casas coloridas e a gente de todo tipo e cor. O grupo de Gomes abriu caminho pelas ruas de pedra, subindo e descendo as ladeiras.

Cândido, por sua vez, suava frio, recordando-se da viagem no interior do navio negreiro e em suas narinas o cheiro salgado e terrível do mar. Com alguns tapinhas nas costas de João, o negro engolia em seco e continuava seu trabalho, embora em seus ouvidos pudesse ouvir as gargalhadas do espírito que o perseguia nos sonhos.

Depois de deixarem os animais em uma estalagem, Ariovaldo, com uma lista de compras nas mãos, despediu-se do grupo. Gomes fitou João por alguns segundos.

— Você não tem que comprar as coisas para suas mezinhas, João Mateiro? — questionou o fazendeiro esticando algumas moedas. — Vá e não demore!

O velho tomou o dinheiro, baixando a cabeça e saiu para buscar o material de que não precisava. Seus olhos, porém, pousaram longamente no amigo. Em prece inaudível, o mestiço desapareceu por entre as ruas estreitas da cidade.

O grupo seguiu imediatamente para onde os escravos, vindos de África, eram vendidos. Encolhido junto de Juvenal, Cândido sentia suas pernas bambas.

— Está com medo, escravo? — provocou o capataz com um sorriso mordaz. — Deu sorte de ter sido comprado pelo sinhô Gomes. Fraco como você é, teria morrido na primeira semana.

Cândido piscou. Pareceu ter visto por detrás do rosto de Juvenal um vulto. Um rosto assustadoramente conhecido. O feitor achou que suas palavras tinham apavorado ainda mais o escravo e riu. Haviam chegado ao mercado de escravos.

Sobre um tosco tablado de madeira, um homem gordo gritava para os homens interessados em comprar escravos. O mercador oferecia uma jovem esguia, nua, que despertava a cobiça dos homens, que disputavam moeda a moeda sua posse.

Quando, por fim, acabou a disputa, com a vitória de um velho com ar lupino, um grupo de três fortes rapazes foi trazido e apresentado para a

101

venda. Tinham eles os olhos baixos, pois seus espíritos haviam sido quebrados, da mesma forma que acontecera com Cândido. "Será que eles também eram filhos de reis", pensou o escravo por alguns segundos, até que explodiram gritos dos interessados na compra. Gomes, muito conhecido, acabou por arrematar o grupo de negros vindo da Guiné. Mas o fazendeiro ainda queria mais negros para sua senzala.

Cândido fitou os futuros companheiros de sofrimento. Eram altos e alguns tinham cicatrizes cerimoniais. Eram homens feitos, ao contrário dele, que não tinha nenhuma marca de sua tribo perdida. Em sua pele havia apenas cicatrizes das chibatas e das correntes. O olhar de um deles encontrou com o de Cândido. Sentindo uma estranha vibração, o escravo da Santa Clara baixou novamente os olhos.

Gomes adquiriu ainda mais outros escravos e duas escravas. Juvenal, estalando habilmente seu chicote, amarrou as pernas e braços das novas "peças" com correntes e acompanhou a nova aplicação de cal nos corpo nus dos negros, para que não carregassem parasitas. Em seguida, com alguns trapos, os escravos foram guiados, silenciosamente, para um grande quarto que funcionava como senzala de aluguel.

Cândido, quando o último escravo entrou no sinistro aposento, fez menção de segui-lo.

— Não entre, Cândido — disse Gomes — você vai ficar do lado de fora.

Espantado, Juvenal e Cândido se entreolharam, enquanto o fazendeiro e Ulisses se dirigiam para o sobrado de propriedade deles. Murmúrios vieram então de dentro da senzala. Alguns dos doze escravos comprados rezavam. Juvenal espiou o que faziam pela fresta da pesada porta e saiu a passos duros. Cândido, por sua vez, permaneceu ali por alguns instantes. Não entendia o dialeto dos novos companheiros de sofrimento, mas percebia que apelavam para seus ancestrais, da mesma forma que ele próprio, cinco anos antes, havia feito. Nenhum espírito o havia atendido.

CAPÍTULO 18

Por três dias, Gomes organizou os negócios que mantinha na cidade. Ulisses, herdeiro das posses de seu pai, a tudo acompanhava. Às noites, porém, os dois poderosos chafurdavam nos prazeres da carne, sem convidar seus empregados, que os invejavam profundamente. Com os empregados que serviam na "casa da cidade", conforme chamavam todos, Cândido e João permaneceram, uma vez que os outros se revezavam na recuperação dos escravos recém-comprados. Tanto o mestiço quanto o negro, realizaram alguns pequenos reparos que eram necessários naquele lugar.

Quando, por fim, Gomes deu por resolvidas várias questões, ordenou a Juvenal que reagrupasse os homens para voltar à fazenda, onde se sentia absoluto, pois em São Luís havia outros fazendeiros como ele, igualmente sufocados pela soberba. O feitor convocou os homens e organizou a comitiva que regressaria à Santa Clara. Pegando os animais,

João e Cândido se apresentaram e todos rumaram para a senzala de aluguel, para dali, já com os novos cativos, tomarem a estrada.

O fazendeiro e Ulisses, montados em seus belos animais, esperaram do lado de fora, enquanto o feitor e três jagunços entraram com um funcionário do estabelecimento para pegar os escravos. Como estavam perto do cais, o ar marinho daquela manhã parecia penetrar no corpo dos presentes.

Cândido percebeu que um silêncio opressor se fizera presente. Lembrou-se do dia em que sua orgulhosa tribo fora atacada e dizimada. O silêncio fora idêntico àquele. Recordou-se também do cheiro da fumaça do incêndio e dos gritos do seu pai, convocando os homens para lutar. Em sua boca sentiu o gosto do sangue, pois seus olhos, pela memória, haviam divisado o poderoso pai ser trespassado por três longas lanças, e, ainda vivo ter visto suas mulheres serem arrastadas pelas mãos férreas dos vencedores. Sentiu a vergonha de seu pai, enquanto agonizava. Não pela derrota da tribo, mas por ver seu filho mais velho ser derrubado sem ter ferido um único inimigo.

Cândido, que havia recebido aquele nome ainda na cidade escravagista de Luanda, estava perdido naqueles pensamentos, quando irromperam gritos selvagens. Som de metal e chicote ecoou junto com os berros, e Gomes puxou sua pistola, bem no exato momento em que os escravos saiam da senzala, tomados por uma desesperada fúria, avançando contra o surpreso grupo. Ulisses gritou, atrapalhado em puxar sua espada, enquanto seu pai disparava contra o primeiro homem que surgiu. Os cães atacaram e foram feridos pelos facões que os negros haviam tomado dos jagunços. Eram, aqueles homens desesperados, percebeu Cândido, guerreiros novamente. João Mateiro tentou puxar o amigo, mas o burro de Ulisses, assustado, escoiceou o velho, derrubando o mestiço no chão de pedra.

Caindo de seu animal, Gomes jogou a pistola no rosto do fugitivo mais próximo. Nas ruas, muitas pessoas se afastavam, enquanto outras se aproximavam para ajudar o poderoso senhor em dificuldades. Ulisses, avançando até seu pai, enquanto os jagunços restantes se engalfinhavam com os negros acuados diante da porta da senzala de aluguel, deixou sua pistola cair. O negro, o mais alto dos rebeldes, que havia fixado seu olhar no de Cândido, ainda no mercado de escravos, tomou a arma, preparou-a calmamente e disparou na direção de Gomes. Num átimo de segundo, Cândido saltou à frente do cruel senhor da Santa Clara. Recebendo o balaço em seu peito magro, o escravo sentiu um grande impacto, enquanto ouvia estridentes gargalhadas.

João Mateiro, gritando, tentou se aproximar do amigo, que morria aos pés de Gomes, que fitava incrédulo o sacrifício do escravo, que tanto maltratara, mas não conseguiu. O velho mestiço estava ferido e não conseguia levantar-se. Gomes deu a volta pelo moribundo e cravou sua espada no corpo forte do guerreiro que se rebelara contra ele. Nem assim, o negro se deu por vencido, desferindo um possante golpe com a arma no rosto do fazendeiro, quebrando-lhe o nariz e vários dentes.

Coube a Ulisses matar o líder dos rebeldes, cortando-lhe o pescoço com sua espada. A rebelião fora aniquilada.

Fitando o céu safírico, Cândido sentiu sua vida se esvair. Seu sangue vertia no chão de paralelepípedos desiguais. João se arrastou até seu amigo e o aninhou em seu colo. O velho quebrara uma perna, mas aquela dor era menor do que um inexplicável sentimento de fracasso.

— Ouço a voz daquele espírito das trevas, João —balbuciou o negro, com suas últimas forças — ele vai me levar novamente!

— Não vai não, meu amigo — retrucou o velho — não vai!

— Darei a você um enterro digno — disse Gomes que cuspia sangue enquanto se abaixava ao lado do moribundo — bem cristão. Eu quero que saiba que você vai morrer um homem livre.

Ouvindo aquilo, Cândido sentiu seu corpo desmanchar-se.

CAPÍTULO 19

— Ele é meu! — gritava Afonso, erguendo os punhos — deixem-me levá-lo!

— Não — dizia Amélia com firmeza — Nuno está fora de seu alcance!

— Eu tramei isso tudo! — volveu o obsessor. — Eu mandei meus escravos executarem meu plano de recuperação do assassino que me jogou neste inferno!

— Você é apenas escravo de si mesmo — observou o espírito benfeitor — e o inferno em que está é apenas obra sua! No fim, o que fez, foi ajudar seu irmão a caminhar para o bem maior! Não há mal que perdure, e não há treva que vença a luz, meu filho!

— Você influenciou o fazendeiro a tratar bem meu irmão — vociferou o outro, socando o ar, em desespero — você induziu Nuno a proteger seu carrasco!

— Fiz o mesmo que você, meu filho amado — volveu Amélia estendendo suas mãos luminosas para o filho, que recuou apreensivo — incitou Gomes a trazer seu escravo, mas não contava que todos os filhos de Deus têm sementes de luz dentro de si. Apenas reguei-as com amor. A boa escolha do fazendeiro Gomes lhe rendeu o bem. As sementes que Cândido, ou Nuno, se preferir, plantou com seu gesto de bondade irão germinar, um dia, dentro do duro coração do senhor de escravos, que, por sua vez, irá despertar definitivamente para Deus!

Os olhos de Afonso divisaram alguns espíritos carregando Cândido, ainda entorpecido. Outro espírito, trajando vestes sacerdotais, permaneceu junto a João, amenizando sua dor física.

— Agora Nuno irá para o céu — concluiu o obsessor, com lágrimas em seus olhos, e com dores atrozes em seus ferimentos seculares.

— Não, meu amado filho — retrucou Amélia, com extrema doçura — Nuno não pode alcançar as paragens celestes, mas não retornará ao lugar onde você encontra reduto. Ainda tem contas a ajustar com sua própria moral. Mas, ele muito ganhou com essa existência atual.

Afonso ponderou aquelas palavras. Já as ouvira antes, em diversos momentos. Mas, naquele momento, soaram de uma forma diferente. Ver seu irmão, terrível inimigo, ser levado como um vitorioso, em vez de voltar para seu jugo implacável, quebrara seus planos. Da outra vez, na qual tinham levado Nuno para longe, ficara irado. Amaldiçoara tudo e todos, despachando seus servos para todos os cantos que poderiam alcançar. Mas tinha sido o próprio Nuno quem o havia chamado, pela sintonia. A velha vaidade e ganância irromperam no coração do jovem africano e, triunfante, Afonso retornava para sua presa. Naquele momento, porém, sentia que, de forma irreversível, Nuno lhe escapara.

Virando as costas para sua mãe, que orava pelo filho desesperado e cego, Amélia permaneceu firme e majestosa, banhada nas luzes do Alto, enquanto seu filho amado retornava para o cais aos prantos.

Sentando-se no fundo escuro de um navio negreiro, e ignorando os murmúrios dos espíritos sofredores que ali se assentavam, Afonso gritou longamente sua frustração. Desembainhando sua espada, o obsessor descontou sua fúria sobre os pobres que ali se contorciam, até que, por fim, jogou a arma, plasmada pela força de seu pensamento, para longe.

Saindo da infame embarcação, ouviu um tilintar de sinos. Viu muitos espíritos estropiados acompanharem o som e fez o mesmo. Afonso havia chegado a uma grande igreja, que encimava uma colina, da mesma forma que era a casa onde nascera, há muito abandonada pelos Borges.

O antigo capitão, sentando-se no primeiro degrau da alta escadaria, ignorou aqueles que passavam, encarnados e espíritos de todos os matizes. Um espírito com um capuz a lhe cobrir o rosto sentou-se na outra extremidade do degrau.

Aumentada por alguma razão inexplicável ao obsessor, a voz do sacerdote em pregação reverberou por toda aquela região. Falava o padre do perdão das ofensas, recordando a passagem em que Pedro perguntava ao mestre a quantidade de vezes que seria necessário perdoarmos uma ofensa. O nobre clérigo, dotado de vibrante voz, emendou sua narrativa avançando sobre o instante em que o mesmo Pedro ferira o soldado judeu que havia ido ao jardim das oliveiras para prender Jesus de Nazaré.

— Quem vive pela espada — disse Afonso ao mesmo tempo em que o padre lá dentro da igreja — morre pela espada.

— Mas se a morte não existe — disse o espírito encapuzado com uma surpreende bela voz — como ficamos?

— Em guerra constante — respondeu Afonso gorgolejando — até um amargo fim, que não conheço.

— Não acho que deveria ser assim — volveu o outro — quem mata pela espada, morre pela espada. — A morte, não do corpo, mas do espírito. Quem brande a espada não encontra a paz, até o momento de transformá-la em um arado. O arado não produz alimento? Ora, que é o Evangelho do Cristo senão alimento para nosso ser?

Afonso fitou o estranho, que não possuía a luminescência dos emissários do Alto, como, por exemplo, sua mãe. Estreitando com olhos insones há séculos, o obsessor reconheceu nas vestes do outro espírito um traje, embora puído, franciscano.

— Estevão está vivo ainda. Quem você é?

— Não se recorda de seu filho? — revelou aquele espírito removendo o capuz — seu filho João Borges, que o ama tanto, a ponto de segui-lo nas profundas trevas onde se enfiou. Pois sim, meu pai, eu sou João, o franciscano, que foi ao inferno de seu pai, mas não se juntou a ele!

Afonso abriu a boca, espantado. Como pudera esquecer-se de seu filho? A razão de muitas alegrias e também tristezas. Quis se aproximar de João, de aparência jovem e serena, mas não conseguia. Não tinha a aparência condizente ao homem que fora em vida. Sentiu vergonha.

— Não tem a luz de sua avó — observou Afonso, crendo que o filho também era um caído.

— Que me importa a luz, se meu pai está nas trevas? — volveu João, enigmático. — Vovó tem muitos afazeres, mas eu tenho um só: você.

— E Catarina? — indagou Afonso — minha doce Catarina.

— Encarnada — disse o espírito benfeitor — na figura de Dolores. Tinha ela também uma missão junto a Nuno e com você também. Por isso que você nunca conseguia se aproximar dela. Ela e Estevão eram encarregados de proteger Nuno de si mesmo e de você também. Já pensou o quanto aprendeu com João Mateiro, enquanto espreitava Nuno?

Aquilo era verdade. Antes de descobrir a identidade do mestiço, ouvia, ainda que distante, os ensinamentos morais do velho para com Cândido. Por alguma razão, não conseguia odiá-lo, nem a velha escrava da cozinha da casa-grande. Percebeu, por fim, que seu longo plano, elaborado ao longo de vários anos, fora frustrado desde o início.

Os olhos do obsessor fitaram o céu estrelado de São Luís. Sentia-se fraco e vencido como nunca antes. Por mais que sua engenhosidade elaborasse planos de vingança, era sempre frustrado por sua mãe, seu amigo e pelo próprio filho.

— Transforme a espada em arado, meu pai — disse João se aproximando — perdoe o erro de Nuno e se perdoe. Aceite viver melhor! Para quê sentir tantas dores?

Gentilmente, João abraçou seu pai. Em séculos de sofrimento, nunca Afonso tinha recebido um gesto como aquele. Sentindo escamas pesadas e escuras soltarem-se de seu corpo debilitado, o antigo capitão percebeu uma tênue luz emanar de seu filho, e de alguma forma, soube que aquela vibração era muito mais majestosa que a de Amélia.

— Me leve, filho — disse Afonso, por fim — não tenho mais forças para andar!

João Borges, de cujos belos olhos vertiam lágrimas de pura luz, passou sua cabeça por baixo do braço da espada de seu pai, e a mão livre sustentou o tronco do outrora orgulhoso aventureiro.

Erguendo Afonso facilmente, João viu as luzes do céu brilhando ainda mais intensamente.

— Veja, meu pai! — exclamou João embevecido. — O céu o saúda! Bendito seja Deus que a todos ama! Ninguém ficará esquecido! Nunca!

Tomando um caminho de luz, João, o franciscano, levou Afonso sob os olhares de alguns espíritos sofredores, que haviam testemunhado aquela cena comovente. Seriam, a seu tempo, também socorridos, pois essa era a promessa trazida pelo Nazareno.

TERCEIRA PARTE
1728 - 1839

**PERDOAR E ABANDONAR
A TREVA DO RESSENTIMENTO
E ABRAÇAR A LUZ DA SERENIDADE
INABALÁVEL DO ESPÍRITO**

TERCEIRA PARTE
1728 - 1839

PERDOAR É ABANDONAR
A TREVA DO RESSENTIMENTO
E ABRAÇAR A LUZ DA SERENIDADE
INABALÁVEL DO ESPÍRITO.

CAPÍTULO 20

Afonso fora depositado gentilmente em um humilde leito. Seu corpo doía e seus ferimentos, de alguma maneira, foram tratados. Embora não conseguisse falar direito, o espírito em tratamento se esforçava para agradecer. Em seus pensamentos, chamava por seu filho e por sua mãe, mas eles pouco podiam vir. Outras pessoas cuidavam dele e lhe davam palavras de consolo e estímulo.

Naquele estranho lugar, Afonso permaneceu por longo tempo. Suas chagas seculares fecharam, embora ainda doessem, e os ossos de suas mãos, atrofiados pelo mau uso, continuavam ligeiramente disformes.

Certo dia, Amélia e Marcos, um espírito de ar venerável, o mesmo que séculos atrás acompanhara o drama dos irmãos rivais no distante Portugal, que era o responsável pelo estabelecimento onde Afonso estava, apareceram antes do habitual. Era comum os dois nobres espíritos, sabia o enfermo, aparecerem ao final da tarde para vê-lo. Naquela ocasião, porém, era diferente. Amélia sentou-se em um simples banco ao lado do filho e beijou-lhe a testa como quando fazia na meninice dele, na Terra.

— Meu filho — disse a benfeitora — sua recuperação caminha como deve, embora para você pareça bem lenta. Afinal, foram muitos anos de autossofrimento. — A mulher então fitou rapidamente o rosto do bondoso médico que ali estava — é preciso que você enfrente esse teste com serenidade, para não se desequilibrar.

— Não quero ver meu irmão — resmungou Afonso, dolorido.

— Sei que não — asseverou a sábia entidade — vocês ainda não podem se encontrar. Mas nossa preocupação é com seu reencontro com Catarina.

— Catarina? — indagou Afonso, ficando subitamente zonzo — Minha esposa?

— Sua irmã em Deus regressou há alguns anos, meu filho — disse Marcos com sua possante voz grave e sua longa barba alvíssima, que cascateava majestosamente sobre o peito. — Ela precisava descansar e recuperar-se. Agora, ela quer revê-lo. Nossa questão é: você quer reencontrar Catarina?

O enfermo baixou os olhos. Durante anos acompanhou sua amada sob o controle de Nuno. Assistiu aos filhos deles nascerem e crescerem até o momento em que levou seu irmão para terríveis zonas de sofrimento. Desde então, não mais sabia dela.

— Eu a feri também — disse Afonso com lágrimas em seus olhos cansados. — Eu a abandonei e traí. Depois, eu a julguei traidora. Não mereço vê-la.

— Aceite ver Catarina — insistiu docemente a antiga genitora — vença mais essa tristeza.

Em silêncio, Afonso anuiu. Marcos se retirou do pequeno quarto e logo retornou. Catarina, remoçada, surgiu pela porta, trajando uma humilde túnica azul. Seus cabelos ondulados caíam até o meio das costas. Os grandes olhos negros da amada de Afonso estavam marejados de lágrimas de felicidade. Sorrindo, Catarina tomou as mãos deformadas de seu velho amor, que mantinha a cabeça baixa.

— Eu lhe fiz muito mal — sussurrou Afonso, em lágrimas.

— Não — disse a mulher com doçura — você apenas se feriu. Agora esse tempo de dor finalmente acabou.

— Ficaremos juntos? — indagou o homem. — Sinto tanta saudade dos nossos dias de recém-casados!

— Ficaremos juntos, sim — respondeu Catarina, enquanto Marcos e Amélia oravam — mas não do jeito que você espera. Ainda há muita coisa a ser ajustada em você, meu amor. Um dia, pois, eu também não conheço tal sentimento, teremos o amor sublime em nós, e seremos um com o Pai. Mas peço a Deus que tenhamos forças para enfrentar nossas provas.

— Não entendo — balbuciou Afonso.

— Com o tempo entenderá tudo melhor — continuou a bela dama, com confiança — temos anos incontáveis à nossa frente. Iremos vencer! Tenha certeza disso!

— E minha irmãzinha Luiza? — insistiu o dorido espírito. — E meu pai?

— Há muito lidam em outras esferas — respondeu Amélia — sempre a serviço do Cristo. Guilherme está encarnado, junto de Tomás, Henrique e Margarida. Também lutam pelo progresso.

Aquela pequena e breve reunião acabara. Os sentimentos de Afonso, descontrolados, o debilitaram. Sendo recostado no travesseiro por Catarina, Afonso adormeceu imediatamente.

Do lado de fora do aposento da grande Casa de Socorro, os três espíritos oraram mais uma vez pelo atormentado Afonso.

— Ele está aqui há quinze anos — disse Marcos — já é hora de voltar à carne.

— Mas ele está tão enfermo que o ventre materno o rejeitará — ponderou Amélia, preocupada.

— Sim, a pequena matéria que será o corpinho de Afonso vai ser posta para fora, antes do quarto ou quinto mês, creio — concordou o sábio — se conseguir alcançar o primeiro mês de gestação. Mas isso é necessário para ele. O esquecimento, ainda que por brevíssimos momentos, lhe será salutar, bem como já começará a quitar alguns de seus débitos, ainda que não nascendo. Acredito que ele passará por dois violentos abortos por seu espírito enfermiço.

— Não há outro jeito? — indagou Catarina emocionada.

— Não, infelizmente — asseverou Marcos, condoído pelo sofrimento das amigas e do próprio Afonso — mas a natureza não dá saltos. Muito menos a natureza de nosso Afonso.

— Eu falarei com João Franciscano e Estevão — disse Amélia — já que o tempo de Afonso aqui terminou. Estevão ainda não viu seu protegido, desde que retornou da carne.

De fato, Estevão não vira ainda Afonso, desde quando desencarnara. Estava ainda com a aparência espiritual de João Mateiro, e não saía de perto de Cândido, que conservara sua aparência recente.

— É bom que Afonso e Estevão não se encontrem — disse Marcos, depois de ponderar por uns momentos — já foi necessário mudar a aparência espiritual de Catarina, para que nosso enfermo pudesse reconhecê-la melhor. Se Afonso se deparar com Estevão na aparência de João Mateiro, pode fazer nosso menino lembrar que foram adversários na influência sobre Cândido. Mas é bom que João Franciscano, seu filho, venha visitar o pai o quanto antes.

121

CAPÍTULO 21

Estavam acertados quanto às atividades. Catarina e Amélia foram avisar os outros companheiros de jornada, enquanto o venerável Marcos partia para resolver os preparativos da nova reencarnação de Afonso.

Assim que soube, João Franciscano foi ver seu pai, em preces e muita esperança. Estevão, por sua vez, sufocou a saudade dentro de si, transformando-a em sólida e esperançosa resignação. Estava, naquela altura, orientando Cândido em sua nova caminhada. O antigo espírito, que se denominara Nuno, se encontrava nos arredores da colônia modesta onde seu irmão estava. Como Cândido conseguira progredir moralmente em sua última encarnação como escravo, além de ter se livrado momentaneamente da perseguição de Afonso, anelava novos projetos de reeducação.

***

Quando, por fim, Marcos alinhou todo o planejamento de reencarnação de Afonso, reuniu a todos em volta do leito do adormecido enfermo e, em fervorosa oração, transportaram o enfermo para junto da humilde mulher que lhe serviria de mãe na Terra. Iniciados os processos reencarnatórios, Afonso entrou no torpor que evitara por séculos.

A mulher que receberia, por breve tempo, o espírito de Afonso era uma humilde ribeirinha, residente nas terras do Marajó. Com treze filhos, Maria José, ao se descobrir grávida, olhou para os céus pedindo forças. Era muito pobre e seu marido, Zé do Coco, mal conseguia sustentar a numerosa família. Quando soube, o chefe do lar esbravejou e culpou a mulher. Resignada, Maria José, alisou a barriga marcada.

Mas aquela gestação, pressentiu a mulher, seria atribulada. Contrações inexplicáveis, bem como uma crescente sensação desagradável, quando pensava na criança que gerava, lhe acometia. À medida que os dias iam se passando, a mulher humilde passou a detestar a ideia de gerar mais uma criança naquele mundo duro. Pensando em tirar a criança, Maria José acabou no quarto mês de gravidez por abortar espontaneamente o feto que lhe incomodava tanto.

Resignados, Marcos e Catarina, levaram o espírito de Afonso de volta para o núcleo de socorro de onde provinham. Tudo ocorrera conforme o esperado, e quando as almas de Maria José e Zé do Coco se afastaram do corpo, no momento do sono, foram consolados e alvos de muitos agradecimentos.

Tempos depois, no sertão do Ceará, novamente Afonso foi ligado a um casal encarnado. Dessa vez, os jovens eram recém-casados e havia muita alegria e expectativa entre eles. Sentindo as vibrações de amor por parte da jovem grávida e de seu esposo um generoso boiadeiro que servia a um rico senhor, a gestação de Afonso avançava, mesmo trazendo inexplicáveis incômodos e súbita tristeza à jovem Angélica. Procurando por benzedeiras, Angélica obtinha alívio, mas era evidente a preocupação no rosto venerável das idosas que caridosamente socorriam a jovem. E os amigos espirituais daquelas médiuns, devidamente informados por Marcos, nada diziam, apenas recomendavam contínuas orações e receitavam alguns medicamentos naturais para dar mais conforto a Angélica.

Quando a gestação chegou ao sexto mês, um súbito mal-estar acometeu a moça, que obtendo ajuda de sua sogra, mandou chamar as benzedeiras, que também eram responsáveis por trazerem as crianças ao mundo, naquela terra agreste. Percebendo que a criança morrera, as três sábias senhoras se empenharam em salvar a mãe e todos os amigos espirituais estavam ali reunidos, naquele esforço de amor. Assumindo a direção espiritual dos trabalhos, Amélia coordenou os espíritos e as benzedeiras. Por fim, Angélica, que tinha uma dívida espiritual quanto àquele tipo de sofrimento, foi salva; e César Boiadeiro, seu esposo, foi consolado.

    Afonso novamente foi levado por Marcos e João, deixando Amélia e Catarina trabalhando juntas com os outros benfeitores ligados àquele modesto núcleo familiar. Com seus olhos espirituais, Angélica divisou os espíritos naquele humilde ambiente e pediu misericórdia para o filho que não conseguira suportar no ventre, pois, em suas reminiscências espirituais, sabia de sua tarefa junto a Afonso, acordada por ela na Espiritualidade.

    — Doce menina — sussurrou Amélia aos ouvidos de Angélica — eu lhe sou eternamente grata. De mãe para mãe, pois agora é mãe! Esse filho seu, que por ora se vai, será sempre grato pelo seu amor! Um dia será mãe novamente, para resgatar seus débitos do passado, e ainda proporcionar possibilidade de reajuste a muitos filhos de Deus! Que Maria de Nazaré a cubra com seu manto sagrado!

    Deixaram aquele lar humilde, no sertão do Ceará, Amélia e Catarina, que também estava sob a tutela de Marcos e seu grupamento espiritual. Durante o regresso ao Núcleo de Socorro, Amélia informou a outra que no passado, tanto Angélica como César, haviam sido companheiros de Afonso nas suas desventuras, ainda na última reencarnação dele.

    — Nada fica fora da lei divina — observou Catarina — nada mesmo.

— Todos estão enredados — asseverou Amélia — e ninguém ficará esquecido, pois essa é a vontade do Pai. Um a um iremos nos reunir aos pés do Mestre.

CAPÍTULO 22

Até aquele momento tudo havia acontecido a contento. Marcos, dirigente da colônia, tinha se reunido com seus colaboradores para traçar o próximo plano em benefício de Afonso, pois este ainda não tinha condições de participar da elaboração das etapas do próprio progresso.

O venerável espírito, que vergava a humilde aparência de um ancião hebreu, era o grande exemplo para todos os enfermos residentes no núcleo. Sempre incansável, otimista e brando, Marcos levava sempre a luz do Nazareno em seus olhos e prometia a todos, que se esforçassem verdadeiramente para vencer suas mazelas interiores, alcançarem a mesma paz de espírito que ele gozava. Sempre pela manhã, gostava de se reunir na singela praça ajardinada, que era o centro da colônia, com apenas doze grandes casas alvíssimas, com os enfermos que podiam se locomover e companheiros de trabalho para orar.

Todos ouviam sua bela voz elevar-se ao firmamento, que devolvia o amor daqueles simples espíritos com luzes de vários matizes que desciam em delicadas fagulhas, perceptíveis apenas por aqueles cuja visão se encontrava desenvolvida, mas que todos, até mesmo os que estavam dentro dos lares, eram capazes de sentir.

Por duas vezes, emissários de regiões mais elevadas vieram, atendendo fraternalmente a cada um daquele núcleo e em suas vozes abençoadas, palavras de orientação e estímulo faziam crescer no peito dos enfermos e trabalhadores uma grande vontade de vencer suas más tendências.

Foi quando a colônia recebeu as nobres visitas, que Marcos reuniu Amélia e seu grupo, contando com a presença de Estevão, que deixara seus afazeres junto a Cândido.

— Nossos irmãos Afonso e Cândido — começou Marcos, após afetuoso cumprimento a todos — ainda não podem se reencontrar. Eles têm, porém, outros reajustamentos para fazer, em âmbitos diferentes. Afonso, que permaneceu na escuridão por séculos, já tem condições para reencarnar, mas terá de abandonar a carne na tenra infância. Dentro dele há muita mágoa e rancor. Já Nuno precisa voltar à carne para refinar a perseverança e a humildade, devendo, se tudo der certo, desencarnar com idade mais avançada. Em ambos os casos, nossos amados precisam desenvolver a resignação.

— Eles não poderão viver próximos ainda — disse João Franciscano — e a reencarnação de ambos, além de novas experiências, servirá para atenuar o laço de ódio que os mantém ainda ligados.

— Sim — asseverou Marcos — e alguns de nós deverão abrir caminho para eles, na Terra, se reunindo a outros conhecidos por nós. Guilherme, que fora pai de ambos, Tomás e o antigo imediato do *Santa Clara*, Jaime, bem como alguns outros, já voltaram à suas lutas materiais. Outros também se reunirão a eles, nas provas que se apresentarão, por vários motivos.

Assim foi acertado. A sabedoria divina guia todos os seus filhos para a luz e jamais seria diferente disso. Amélia, João Franciscano e Estevão, ainda com a aparência de João Mateiro, pois o gentil espírito apreciava aquela forma rústica e humilde, seguiram para onde Cândido se recuperava. O antigo escravo, conhecedor de parte de seus dramas, sabia que sua caminhada estava para ter mais uma reviravolta. Com um sorriso, o homem que se dedicava, desde que recebera alta do tratamento médico-espiritual, a cuidar das plantas da região, recebeu os entes que tanto amava.

— Três amigos de uma só vez — disse Cândido — só pode significar uma coisa...

— Acertou, meu filho — disse Amélia — é hora de traçarmos seu regresso à carne.

— Voltarei para a chibata? — indagou o outro, estremecendo.

— A chibata moral, certamente — respondeu o espírito que fora sua mãe no distante Portugal — uma dura pobreza. Mas sua inteligência aguçada, que tanto usou para o mal, deverá ser estimulada ao bem.

— Usei minha inteligência para tamanho mal — interrompeu o jardineiro — que prefiro renascer com deficiência mental!

— Já falamos sobre isso — interveio Estevão — você precisa encarar sua vida. Estancar o avanço é assumir derrotas e sofrer mais!

Cândido sentou-se no banco do quartinho que ocupava. Sabia que possuíra um palácio, depois uma tapera junto ao mestiço João Mateiro. Apesar de achar diminuto aquele canto que recebera nas cercanias do núcleo, chamava-o de lar.

— E Afonso? — indagou Cândido com azedume – ele ainda está preso?

— Ele está em tratamento — disse Amélia — ele não poderá encontrá-lo. Mas você fez tantos desafetos quanto ele, que era o dominante. Desses adversários, alguns estão mergulhados na carne, em suas provas de burilamento, e outros não. Certamente, haverá reencontros e caberá a você usar o que tem aprendido, além de desenvolver resignação, fé, humildade e a capacidade de perdoar.

— Apenas desenvolvendo o amor verdadeiro dentro de você — prosseguiu João, que fora seu sobrinho — é que vencerá!

— O que será de mim, então? — indagou Cândido a respeito de sua nova vida na Terra.

— Será uma mulher — disse Amélia, sorrindo — uma forma de despistar alguns obsessores mais empedernidos, e uma excelente forma de desenvolver as virtudes de que tanto necessita.

— Mulher! — exclamou o enfermo escandalizado.

— Sim, uma mulher — prosseguiu Amélia — em nossa imortal existência, alternamos os sexos, para nosso aperfeiçoamento. Para muitos, de coração mais duro, as mulheres são seres inferiores. Alegam que Deus deu a primazia ao homem, no domínio das coisas, e usam a Sagrada Escritura para isso. Mas se esquecem de que o Nazareno sempre acatou sua mãe santíssima, que o protegeu desde o ventre e que depois se juntou a ele em seu mandato de amor. Foi Maria de Nazaré quem incitou o Cristo a trazer a alegria na festa de casamento. Aceite de bom grado, meu filho, até para honrar suas falhas como filho, marido, e também pelas mulheres que ultrajou e mesmo fora, em outras existências.

Cândido baixou a cabeça. Sentia-se envergonhado, mas percebia que aquele plano era para seu auxílio. Sabia que seu débito era muito pesado. Beijando as mãos de Amélia, aceitou.

Sem muitas explicações, como ocorrera com Cândido, Catarina se reuniu com Afonso. O antigo capitão tentou rejeitar as decisões tomadas em seu nome, pois uma existência muito dura o aguardava. Seria deformado, por conta de seu espírito endurecido ainda não estar são e pereceria ainda na infância, vítima da saúde frágil que possuiria.

— Não tenho opção? — indagou Afonso, às lágrimas, para Catarina.

— Não, meu amor — respondeu com a voz embargada a antiga esposa do homem que fora o aventureiro português — não tem. É para seu próprio bem!

— Aquela mulher, a Angélica — prosseguiu Afonso — uma alma doce que muito me fez bem, ela me aceitaria novamente? Senti-me muito amado por ela.

Catarina silenciou. Não saberia responder, tampouco estava em sua alçada uma questão daquelas. Deixando Afonso em seu quarto de repouso, já contando com uma aparência perispiritual melhor por conta do auxílio das duas mulheres que haviam aceitado se ligarem a ele na carne por um curto período, Catarina regressou até a presença venerável de Marcos. Atencioso, o nobre mentor considerou o pedido do enfermo com muito carinho. Assim que pôde, se reuniu com os amigos espirituais de Angélica para verificar as possibilidades. Naquela altura, Angélica já trazia em seu coração o consolo da perda de Afonso.

— Está no planejamento de Angélica — disse Maria de Lourdes, responsável por acompanhar a jovem em sua atual encarnação — uma gravidez por agora. Uma menina há muito esperada por conta das tragédias do ego. Teríamos que aguardar uns três anos, para depois do nascimento de Carlota.

— Entendo — prosseguiu Marcos, que era acompanhado por Catarina e João Franciscano, naquele momento. — Acredito que Carlota muito ajudará Angélica, pelo que me lembro desse caso. Angélica, por sua vez, concordaria?

— Acredito que sim — sorriu a dama de singular beleza — Angélica tem um coração muito inclinado a servir ao próximo! Em breve, ela se juntará a nós!

O bondoso mentor sorriu. Era a lei de amor em ação. Marcos também fora um criminoso aos olhos da lei, há incontáveis anos. Seu sofrimento autoimposto só acabou quando aceitou vencer suas más tendências. Foi há pouco tempo que o nobre espírito de aparência humilde havia recebido a incumbência de organizar aquele núcleo de socorro de Maria de Nazaré e, desde então, muito labutara, junto de outros dedicados espíritos, em benefício da humanidade.

Algum tempo depois, tudo estava preparado para o reencarne de Cândido, enquanto Afonso aguardava sua chance. Beijando as mãos de todos os seus amores, o reencarnante caminhava para a Terra, certo de que deveria vencer suas dificuldades.

CAPÍTULO 23

Cândido, que passou a se chamar Alice, nasceu em Ouro Preto, cidade marcada por tantas desventuras.

Era o ano de 1757. Filha de uma escrava doméstica chamada Eufrásia com um poderoso português, Tobias Barros, que além de fazendas de agricultura e pecuária, ainda buscava, em nome da coroa portuguesa, por diamantes.

Tobias, senhor de muitos escravos, enviuvara precocemente, quando sua esposa, América, havia perdido aquele que seria seu terceiro filho. Enfraquecida, a mulher não suportou a tristeza e pereceu dias depois do parto. Desde então, o rico fazendeiro não mais se casara, tomando as amantes que queria. Uma delas foi a mestiça Eufrásia, que acabou sendo amada pelo senhor, a despeito dos filhos do poderoso português.

Quando Alice nasceu, tamanha era a alegria de Tobias, que alforriou Eufrásia e sua filha.

A ex-escrava permaneceria nas graças do senhor e a filha, de pele bem clara, receberia alguma educação.

***

Os anos avançaram e Alice cresceu em graça e beleza. De inteligência aguçada, despertava no envelhecido Tobias uma grande admiração.

— Ah, quisera Deus que você fosse homem — disse o velho, certa vez — eu poria alguns negócios em suas mãos! Meus outros filhos não têm a fibra necessária para governar meu patrimônio, quando eu morrer!

Alice se envaidecia com as palavras de Tobias. Nela havia uma incompreensão de não poder trabalhar nos negócios do pai e, por muitas vezes, tinha ideias que iriam melhorar os lucros e dar eficiência aos trabalhos, mas sua condição de mulher a impedia, quase sempre, de se expressar. Quando Alice completou quinze anos, o envelhecido Tobias a casou com Bento Quintão, filho caçula de um rico funcionário da coroa. A sociedade de Ouro Preto, na ocasião do matrimônio, preferiu não reparar na cor da pele da jovem de grande beleza, pois os poderosos Tobias Barros e Benevides Quintão eram inquestionáveis naquelas terras, tamanha a influência que possuíam.

Após o matrimônio de Alice, Bento, com vinte anos e uma vida marcada pela boêmia, abriu um grande armazém. Enamorado pela beleza e pela vivacidade da esposa, deixou a vida de farra para trás. No entanto, o filho de Benevides não era possuidor de grande capacidade para os negócios e, logo nos primeiros meses, o armazém afundara em dívidas. Orgulhoso, Bento se recusou a pedir auxílio ao pai e, certa vez, foi constrangido na rua por conta de pagamentos não cumpridos.

Vendo o marido abatido, Alice sentiu um estranho ímpeto. Indo até o armazém, que era anexo à casa modesta que ocupava com Bento, a jovem mestiça observou o que sobrava do estoque.

Sentindo falta da companheira, Bento encontrou a esposa em meio aos poeirentos caixotes.

— O que faz aí, mulher? — indagou o rapaz.

— Tendo ideias! — respondeu Alice cheia de vigor. — Acredito que com o que temos aqui, poderemos recuperar o estabelecimento e prosperar!

— Como uma mulher como você entende de negócios? — volveu o outro em tom de deboche. — Você deve entender de cozinha e de costura, isso sim!

Alice fitou o marido, que aprendera a amar por força do destino. Jamais tinha esperado por aquelas duras palavras dele. Quando pequena, tinha sido alvo de olhares e palavras maliciosas, mas desde que se casara conhecia apenas ventura. As lágrimas que surgiram em seus belos olhos negros não rolaram.

— Ouça aqui, senhor Bento Quintão — retrucou Alice, tomada por um orgulho que remontava séculos — não sou dessas tolinhas que suspiram diante do marido. Sou daquelas que pensam. Acha que aceitarei a miséria? Não mesmo! Meu pai não me criou para isso! Com o que temos aqui poderemos prosperar!

Um violento tapa fez Alice cair no chão. Bento, rubro de ira, assomou-se sobre a jovem.

— Nós não temos nada — resmungou Bento — eu tenho! Você é minha mulher! Porte-se de forma decente e recatada! E nunca mais me chame a atenção, mulher! Você deve me obedecer!

Encolhida no chão, Alice acariciou o rosto machucado e se levantou. Em silêncio, foi para seus afazeres domésticos. Mas, um antigo fogo havia sido despertado.

CAPÍTULO 24

Angélica, depois do tempo combinado na espiritualidade, finalmente recebeu em seu ventre Afonso. Como na outra ocasião, a mulher sertaneja endereçou muitas vibrações benfazejas a Afonso. No entanto, quando aconteceu o reencarne daquele espírito endividado, a alegria foi substituída pela amargura. Jonas, o novo nome de Afonso, nascera deformado. Seu pai, recusando-se a segurar o bebê recém-nascido, saiu revoltado com o próprio Deus, enquanto as parteiras abençoavam a criança de pernas e braços atrofiados por conta do mau uso, tanto na derradeira encarnação portuguesa, quanto na espiritualidade.

Os braços e pernas mais curtos não eram os únicos problemas de Jonas. Uma cabeça muito grande e dificuldade de respirar também eram limitações a serem vencidas. Uma das parteiras, chamada de Mãe Zilá pelo povo humilde, que também era dotada de grande sensibilidade espiritual, pôs sua medalhinha de São Lázaro no pescocinho do bebê.

— Que este filho que abraça o mundo de Deus tenha a fé necessária para abandonar as trevas, em busca da luz, como Lázaro fez — sentenciou a velha mestiça, com muita emoção em sua voz — que Jesus Cristo o abençoe sempre!

Contra todos os prognósticos, Jonas sobreviveu aos primeiros dias, depois venceu as semanas e por fim, seu primeiro ano. Sua prodigiosa inteligência espantava a todos, exceto seu pai, César, que nunca, sequer pegara em seus braços o filho.

Triste pela negligência do marido, Angélica cobria seu filho deformado de carícias. Padre Homero, desde que batizara Jonas, afeiçoara-se a ele largamente.

— Quero ser boiadeiro como meu pai! — dizia Jonas no alto de seus cinco anos. — E depois soldado!

Tanto o padre quanto a mãe sorriam e nada diziam. Uma hora a criança iria descobrir a triste verdade. Foi nessa época que outras crianças passaram a humilhar Jonas por sua aparência. Uma delas chegou a acertar a testa do menino com uma pedrada. César, enfurecido, ameaçou matar o moleque, filho de seu amigo Zé Canela, e quase uma tragédia aconteceu. Graças a Mãe Zilá, a mais velha das parteiras da região, o conflito foi pacificado. No entanto, a mágoa no coração do boiadeiro, que desde o nascimento do filho perdera a alegria, permanecia. Magoado também estava o pequeno Jonas, que finalmente se percebia diferente dos outros.

Choramingando em sua velha rede, Jonas se perguntava o por quê de ser tão diferente dos outros e não ser amado por seu pai.

— Meu filho — disse Angélica, que estava grávida novamente, sentando-se num banquinho ao lado da rede — não sabemos o que se passa na cabeça de Deus para nos dar corpos diferentes uns dos outros. Mas sabemos que Ele nos ama muito e quer que nos amemos imensamente.

— Não entendo, mãezinha — sussurrou Jonas, aninhando-se nos braços maternos — por que sou diferente? Por que papai não me ama?

— Se seu pai não o amasse, não teria lhe defendido do filho de seu melhor amigo — respondeu Angélica, com os olhos marejados. — Seu pai só não sabe expressar seus sentimentos, apenas isso. Por isso Deus o enviou assim, para que você ensinasse a César como amar. Não vê? Você é um mensageiro de Deus que ensina as pessoas a amarem, independente da aparência. Perdoe quem quer feri-lo. Eles não sabem o que fazem. Jesus de Nazaré nos ensinou isso.

Sorrindo, Angélica abençoou seu filho amado e cantarolou uma canção de ninar. O dia seguinte, sabia ela, seria causticante naquele duro sertão e todos tinham que dormir o melhor possível.

CAPÍTULO 25

Alice, desde o tapa que recebera de Bento, nada mais fizera para ajudá-lo. Seu amor por ele esfriara e silenciosa cuidou dele, quando, certa noite o marido chegou em casa espancado. Havia alguns anos o velho Benevides morrera, diminuindo o prestígio da família e, de quebra, seu irmão mais velho, também chamado Benevides, nenhuma atenção dava ao irmão.

— Não entendo como a vida pode ser tão injusta comigo, Alice — disse Bento, enquanto a esposa lavava seus arranhões — que fiz a Deus para isso?

— É incompetente — sussurrou Alice, sem ser ouvida por Bento — e vai me jogar no buraco por isso.

Endividado, Bento vendeu seus animais de carga e o armazém estava vazio. Um homem chamado Freire abriu uma loja perto da venda e o movimento era grande. Bento, que passara a beber, amaldiçoava o próspero comerciante.

Alice, preocupada, procurou sua mãe. Seu pai agora era um homem quebrado, já não mais governava os negócios que erguera. Eufrásia era quem cuidava do velho Tobias com sincero carinho.

— Bento nem prestou para lhe dar um filho — disse Eufrásia — e agora lhe dará a miséria. Que lástima!

— Não sei o que fazer, mãe — volveu a outra.

— Sabe sim — disparou a ex-escrava — você é bela! Seduza seu marido e governe você! Quem ele pensa que é? O senhor e você a escrava? Governe!

Alice entendeu o recado. Regressando ao lar, cuidou do marido com o mesmo carinho que lhe direcionara nos primeiros meses de casamento. Bento, arrasado, nem percebeu a teia da esposa ao seu redor.

No dia seguinte, Bento, de ressaca, estava sentado numa cadeira da pequena cozinha. Alice lhe trouxe o parco desjejum e deu-lhe um beijo.

— Esposo — disse ela sorrindo e o deixando mais entontecido ainda — sua ideia ontem faz muito sentido! Eu, que sou mulher, consegui compreender sua visão! Imagine os homens!

— Do que está falando, mulher? — indagou Bento, tentando se lembrar do que não falara.

— Sobre vender a casa — prosseguiu Alice — para comprar um bom carregamento de cachaça, fumo e charque! Você disse que vale a pena ir para o sul comprar e trazer para cá! Com nossos preços melhores, o senhor Freire não pode nos fazer frente, e pagaremos nossas dívidas!

— Eu disse isso, Alice? — perguntou Bento, ficando de pé — e iríamos morar onde?

— No quartinho do armazém — respondeu a jovem acariciando os vastos cabelos do marido — será por um curto período! Você prometeu!

Jamais Bento teria uma ideia arrojada daquelas. Mas, tamanha fora a confiança de Alice em apresentar seu plano a Bento, como se fosse dele, que o comerciante sorriu satisfeito. Anunciaram a venda da pequena casa, que ficava em uma boa localização na cidade e um amigo da família a comprou sem muito regatear. O homem, rico fazendeiro, iria por ali sua amante e caberia a Bento tomar conta dela.

Com o dinheiro nas mãos, Bento começou a sonhar fora dos planos de Alice. Mas com maestria, a jovem dirigiu o marido para seus propósitos. Fazer aquilo dava a Alice uma sensação de poder que vibrava em seu ser.

Lentamente, o armazém de Bento foi sendo recuperado. Para celebrar o sucesso crescente, batizaram o lugar por influência de Alice de Armazém Santa Clara. Em pouco tempo, a cidade era pequena demais para dois grandes armazéns, e Freire, possuindo outros negócios, fechou o seu.

Com o passar do tempo, Bento, influenciado por Alice, comprou outra casa, maior. Nessa época, nasceu Josefa, a primeira filha do casal.

143

Esquecendo-se de sua antiga condição, e contra as sugestões que Amélia e Marcos lhes davam no sono, Alice comprou dois escravos, que vez ou outra, maltratava.

Cego e dominado, Bento ouvia sua esposa cada vez mais e obedecia prontamente aos seus caprichos. Na cidade, as más línguas diziam que na casa de Bento Quintão os papéis eram invertidos.

Os anos foram passando e Alice e Bento tiveram outros dois filhos: Ana Maria e João Bento. Compraram terras, o suficiente para algumas plantações e, aos trinta anos, Alice era chamada de sinhá. Suas atitudes orgulhosas eram temidas até por Bento, que nunca mais erguera suas mãos contra ela.

Preocupados, Marcos e Amélia se reuniram no núcleo que o primeiro dirigia.

— Alice está caindo novamente nas teias do orgulho — disse o venerável espírito — Nuno ainda está muito forte!

— Estou preocupada — concordou Amélia — nem com Estêvão reencarnado como Josefa, Alice abrandou!

— O tempo dela na Terra está acabando — ponderou o mentor — muito pouco ela aprendeu. Muito pouco!

***

Aos trinta e sete anos, Alice era uma senhora dura como aço. Vistoriava o grande armazém e os outros negócios que erigira. Contava com três filhos amorosos, que a seguiam onde quer que fosse, desde a infância, sobretudo Josefa. Mas a mulher sentia um grande vazio dentro de si.

— Mãe — disse Josefa, que estava noiva de um filho de fazendeiro — mais de uma vez disse-me que sente falta de algo. Já conversou com o padre?

— Já, minha filha — retrucou a outra — e não resolveu. Sinto que procuro algo, que não encontro. Por vezes, acho que são negócios. Mas sinceramente, não sei...

Enquanto conversava com a filha dileta, um mestiço filho de uma escrava chegou tremendo dos pés à cabeça. Alice olhou para Serapião, que libertara a pedido da filha, e franziu o cenho.

— Que foi, moleque? — indagou a senhora — fale!

— O touro, sinhá — disse Serapião — caiu numa vala e quebrou a perna!

O touro que o ex-escravo falava era um animal que tinha sido muito caro e trabalhoso de trazer, sabia Alice. Encolerizada, a mulher ergueu-se jogando a xícara de café para longe. Desferindo um tapa no rosto do jovem, Alice sentiu uma forte vertigem. Amparada por Josefa e por Serapião, ela foi levada até seu leito.

Os dias foram passando e cada vez mais Alice enfraquecia. Os médicos não sabiam diagnosticar a causa da enfermidade, mas o lado direito da mulher não se mexia e seu rosto parecia retorcido.

    Bento ordenou que as igrejas de Ouro Preto fizessem missas, embora ele pouco tivesse esperança de melhora da esposa que tanto temia. Por fim, após algumas semanas de sofrimento, incompreensão e sujeira, Alice Quintão foi levada por Amélia e João Franciscano para o Núcleo Espiritual.

CAPÍTULO 26

Jonas havia acabado de completar sete anos. Ganhara do padre Homero uma singela homenagem na missa de domingo. A criança, no dia seguinte ao seu aniversário, que ocorrera sem nenhuma festividade, brincava pelas veredas ressequidas do sertão cearense com seus jovens irmãos, a quem muito amava. César, como de costume, estava embrenhado nas matas em busca do gado de seu patrão, enquanto Angélica embalava sua filha, Clara, com pouco mais de um ano.

As crianças corriam pelos campos poeirentos, descalças e felizes, certas de que viviam na mais pura aventurança, apesar da pobreza extrema. Jonas corria sempre mais atrás, por conta da deformidade de suas pernas. Ele empunhava um graveto como se fosse uma espada. O menino sonhava ser um grande guerreiro, um capitão de soldados.

Amélia, de longe, divisava a cena. Com ela, apenas João Borges, cognominado João Franciscano, que fora filho de Afonso no distante Portugal. Os outros, inclusive Catarina, estavam reencarnados para vencerem seus desafios individuais e em breve, Amélia também iria voltar à carne, pois muito tempo esperara. Outros espíritos benfeitores estavam ali, sendo componentes das forças de trabalho coordenados por Marcos.

Sem perceber, os filhos de Angélica se afastaram da casa, embrenhando-se ainda mais na densa vegetação sertaneja. Jonas, aos tropeços, tentava alcançar os irmãos. Passando por cima de uma pedra coberta de poeira e folhas secas, a criança pisou em uma cobra, que assustada, atacou o menino, que gritou desesperado por socorro.

Angélica, de onde estava, partiu em busca do filho que tanto amava. Encontrou Jonas em lágrimas abraçado pelos irmãos. A serpente venenosa se fora. Tomando o pequeno filho nos braços, a mulher ergueu seus olhos lacrimosos para o céu. Com Jonas nos braços magros, Angélica agonizava de imenso desespero. A mãe correu de volta para sua pobre moradia, enquanto outras mulheres vinham em seu socorro, pois o grito da criança ecoara por toda a região.

Na rede de sua mãe, Jonas pedia perdão pela travessura. Angélica o beijava sem parar. Dores excruciantes tomavam o corpinho do menino. Mãe Zilá e uma companheira chamada Leonor chegaram esbaforidas.

Enquanto Leonor organizava uma corrente de orações, a velha parteira, uma nobre médium dedicada ao bem, percebia que a caminhada de Jonas na Terra havia se encerrado. Pondo a medalhinha de São Lázaro nas mãos do menino, sob o olhar desesperado de Angélica, Mãe Zilá encomendou a alma da criança que ajudara a trazer ao mundo.

— Não! — gritou Angélica imersa em dor — deve haver algum jeito!

— Nada acontece sem a permissão de Deus, minha filha — retrucou a bondosa senhora — confie em Deus, pois Jonas irá hoje para o Paraíso!

César irrompeu casa adentro. O boiadeiro ajoelhou-se ao lado da rede humilde do filho. Seus olhos marejados fixaram os olhinhos do moribundo. Toda a casca de dureza do homem simples e ignorante ruíra.

— Perdoe seu pai! — suplicou César pegando as mãozinhas de Jonas.

Sem forças, Jonas, apesar das dores que lhe ceifavam a vida, apenas sorriu.

Amélia com Jonas nos braços cumprimentou Mãe Zilá, que, pela vidência, vira a chegada dos nobres espíritos que, anos antes tinham levado outro espírito ainda não nascido. Pedindo clemência para a família humilde, a parteira, em lágrimas, viu o sorriso benevolente de João Franciscano e Amélia.

— Jonas realmente ficará bem — afirmou Amélia a Mãe Zilá — ele irá para uma terra de fartura e paz. Jonas vai se reencontrar com todos vocês com a luz do Cristo em seus olhos! Abençoados sejam todos vocês!

Mãe Zilá ajoelhando-se, apesar da longa idade, agradeceu a Deus por ter ouvido os anjos do Senhor e voltou suas atenções para os pais em outra estação, que não a dirigida pelo nobre Marcos. Era um belo lugar, marcado por risos e vozes infantis. Flores, pássaros e a grama esmeraldina podiam ser vistos em todos os lugares daquela região, que, embora fosse no plano espiritual, era bem próximo à Terra. João, que estivera ali antes, costumava apelidar aquele belo recanto de o verdadeiro Jardim do Éden.

Semiconsciente, Jonas se sentia carregado docemente pelos dois anjos. Amélia lhe dava um sorriso luminoso que roubou toda a sua atenção. Por alguma razão, parecia conhecer aquela mulher e o estranho homem.

— Você ficará agora nos jardins das luzes — disse Amélia com extrema doçura a Jonas — aqui viverá por um tempo. Confie em nosso Pai Celestial, meu filho. Todos que creem nele encontram a felicidade.

— Mas e meus pais e irmãos? — indagou a criança com algum esforço.

— Ficarão bem — asseverou a benfeitora — você está no céu agora, e antes que possa perceber, estarão todos reunidos com as bênçãos do Senhor.

Uma nobre entidade chamada Juliana, que fora um dia, no velho Portugal, Luzia Borges, recebeu os recém-chegados com um luminoso sorriso. A sábia entidade, uma das responsáveis por aqueles espíritos de aparência infantil, aninhou o enfermo em um perfumado aposento. Jonas dormia pesadamente, como não fazia há séculos.

— O tratamento dele avançara bastante — disse Juliana aos amigos — os recentes choques com o mundo denso foram benéficos e ele esqueceu muito do rancor que tinha dentro de si.

— Angélica, em sonho — emendou Amélia — o visitará de vez em quando. Um dia, Angélica ocupará meu lugar na coordenação de muitos trabalhos no núcleo com Marcos.

— Quando chegar a hora de buscar Jonas — disse João Franciscano, com lágrimas de alegria — ele estará repleto de vontade de ir para a Terra quitar seus pesados débitos!

— Antes, porém — interveio Amélia — ele terá de trabalhar nos postos de auxílio.

— Sim! — exclamou o antigo frei.

***

Dessa forma, Alice e Jonas regressaram à pátria espiritual, tendo vencido algumas imperfeições e não ficaram isentos de novos erros que deveriam ser enfrentados no futuro. Alice, quando se percebeu na erraticidade, revoltou-se, e ignorando sua vida anterior como Cândido, chegou a acreditar que fora sequestrada. Mas, tão logo a verdade se fez diante de si, a mulher desmanchou-se em lágrimas. Resignada, aceitou sua amarga colheita e agradeceu a sabedoria divina que lhe daria, um dia, outra chance.

— Eu regredi — disse Alice a João, certa vez — eu perdi o que conquistei como Cândido.

— Não! — corrigiu o amigo espiritual. — Ninguém regride. Você andou bem devagar. O que foi suspenso na sua vida como Cândido, foi lhe permitido como Alice. Aí, se deram alguns problemas. Mas ainda assim, nada se perde! Tenha bom ânimo! Tenha fé!

Resignada, Alice orou.

QUARTA PARTE
1915 - 1982

A DOR É UMA LIÇÃO REDENTORA, CRIADA UNICAMENTE POR NÓS, QUE NOS APERFEIÇOA E NOS LEVA A DEUS.

CAPÍTULO 27

    Marcos, de semblante sereno, contemplou os dois espíritos que outrora haviam sido chamados Nuno e Afonso. Lado a lado, os antigos rivais mantinham a fronte baixa. Muito haviam aprendido na pátria espiritual e também longo foi o trabalho por eles executado, sob a supervisão do benfeitor. Sabiam de sua condição moral, mas ainda não suportavam a presença um do outro. Sabiam os três espíritos ali presentes que a animosidade que havia se iniciado na Terra, deveria ser superada na Terra.

    — Em breve, irão retornar à carne — disse Marcos, com firmeza — depois de tantos anos de separação e preparo é hora de quitarem os débitos. As reencarnações que tiveram, bem como os trabalhos que aqui desempenharam, ajudaram e muito, até para resolverem outras pendências que tinham, desde séculos mais remotos. — O mentor então se ergueu de sua modesta cadeira: — Ninguém foge à lei! Ninguém colhe o que não plantou!

Egoísmo, rancor, cobiça, são palavras que são sinônimos de ego, de vaidade, a grande chaga da humanidade.

Resignados, os antigos irmãos apenas ouviam as palavras de Marcos. Tencionavam vencer suas más inclinações, mas sentiam que o milenar rancor era muito difícil de eliminar.

— Amélia, Estevão, e até mesmo Guilherme, regressaram à Terra — prosseguiu Marcos — João Franciscano e Tomás também! E muitos outros engendrados nos males que vocês fizeram. Catarina voltará em breve! César, Angélica, Zilá e mais alguns outros, acompanharão vocês. Façam o máximo que vocês puderem! Tenham fé em Jesus Cristo! Façam sua parte, reformando-se moralmente, que nós faremos a nossa!

***

Em uma família pobre, na Baixada Fluminense, Nuno e Afonso nasceram. Seus novos nomes eram Gaspar e Getúlio. Eram os mais novos dos seis filhos de uma valorosa empregada doméstica. Porém, Vânia, a humilde mulher abandonada pelo marido, assim que soube do novo filho, percebeu que não mais podia cuidar das crianças. Deixando os três mais novos com parentes e amigos, a sofrida mãe de Gaspar e Getúlio não sabia o que fazer com seus bebês aninhados em seu seio.

Um casal vinha da então capital da República, para passar alguns dias na fazenda que ficava nas terras de Magé. Viajavam de trem e Mariza, jovem esposa do proprietário da fábrica de tecidos Santa Clara, Agenor Pacheco, ao saltar do veículo, avistou uma senhora vendendo cestos de vime. A jovem dama gostou de um dos belos cestos e, de braços dados com o esposo, se dirigiu à vendedora, enquanto Agenor pedia a jovens carregadores para buscarem suas malas.

— Gosto muito desse lugar — disse Mariza, casada há cinco anos com Agenor — sinto muita paz aqui!

Olhando atentamente, Mariza escolheu um pequeno cesto, ricamente elaborado, onde iria colocar seu material de costura. A idosa, com um largo sorriso banguela, agradeceu o pagamento e os tostões extras que o altivo Agenor depositara nas mãos enrugadas da artesã.

Tomando uma charrete de aluguel, o casal seguiu para a fazenda que estava em nome da família de Agenor há longos anos. Ela ainda era muito produtiva, contando com algumas famílias que descendiam de escravos e também dos capatazes, formando uma só colônia de trabalhadores. Sob o comando do administrador Germano, um homem forte e voluntarioso, gado e lavoura aumentavam as posses do dono da fábrica Santa Clara.

Diante do velho casarão, que encimava uma pequena colina, Germano encontrou acompanhado de seu patrão. Conheciam-se desde a infância, sendo grandes amigos e, quando estavam distantes de olhos curiosos, a formalidade de ambos era deixada de lado e palavras francas eram pronunciadas sem receio.

Agenor e Mariza cumprimentaram o administrador com contida alegria e logo Germano chamava os outros rapazes, filhos dos funcionários, para levarem para a casa-grande as bagagens. De braços dados, o casal Pacheco entrou na adorada propriedade sob os olhares amistosos de Germano.

Ao anoitecer, depois que Mariza se retirara para o quarto, Agenor e Germano sentaram-se na sala, bebericando um excelente licor feito na própria fazenda São Marcos.

— Viemos antes do esperado, meu amigo — disse Agenor a Germano — por recomendações médicas. Doutor Castro acredita que o repouso facilitará que Mariza engravide. Na capital, ela fica às voltas com as famílias de necessitados...

— Bem, você não quer que ela descanse aqui, não é? — volveu Germano brincalhão.

Os dois homens riram. Somente com Germano, Agenor ficava à vontade. O mundo dos negócios era agressivo e a sociedade fluminense aspirava uma pompa que ele não desejava. Se não fosse a imposição de seu pai, Jasão Pacheco, que o enviou ao Rio de Janeiro para estudar, e depois comandar a fábrica, teria ficado na fazenda que tanto amava.

— A doutrina que ando estudando nos orienta bastante, meu caro Germano — disse Agenor, após as risadas — nos fala a respeito de várias vidas que possuímos e de nossa responsabilidade em nos aproximar de Deus, por meio da melhora comportamental.

Germano observou as palavras do amigo e patrão e silenciou. Comungava com a Igreja Católica com sinceridade de espírito. Porém algo, sentia ele, lhe faltava. Mas o gentil administrador se julgou ignorante demais para se aventurar em uma estranha corrente de pensamento.

CAPÍTULO 28

Mais tarde, já alta madrugada, Agenor ressonava tranquilamente em seu leito. A seu lado, Mariza se mexia sutilmente. Em sonho, a jovem dama se via caminhando em um belo jardim. Um homem velho, de longa barba alvíssima, e uma jovem de pele acobreada e fartos cabelos cacheados, que iam até os ombros, se aproximaram da extasiada mulher.

— Salve, minha adorada — disse o ancião com voz profunda — é hora do cumprimento de mais uma etapa. Pois, embora seu ventre, conforme o combinado, não possa gerar, seu espírito imortal irá reencontrar com seus filhos do pretérito.

Abrindo os olhos, ainda com o perfume das belas flores em suas narinas, Mariza ouviu o ressonar do esposo. Lembrava-se do sonho com detalhes, mas não sabia precisar quem eram aqueles seres veneráveis, embora tivesse clara sensação de conhecê-los há muito tempo. Em oração, a mulher, que acompanhava seu marido nos estudos espíritas, recebeu os raios da alvorada com uma estranha sensação que chamou de esperança.

***

Sentado à mesa do café, Agenor indagou a esposa se ela dormira bem. Com um sorriso luminoso, Mariza respondeu positivamente. As atividades do campo estavam para começar. Assim que Germano chegasse, levaria Agenor pelas terras da vasta propriedade, enquanto Mariza ficaria em casa, conversando com as empregadas.

Na companhia das empregadas, Clotilde e Leandra, Mariza bebeu lentamente seu chá de erva cidreira. O sonho não lhe saía da cabeça. Sentia uma tristeza, que disfarçava fitando por além da grande janela da cozinha, pois a revelação de que não poderia gerar um filho lhe doía nas fibras de mulher. No entanto, parecia que algo bom a estimulava a esquecer-se daquela dor, em detrimento da expectativa de abraçar uma criança. Por alguma razão, na mente de Mariza, era muito mais importante cuidar de uma criança que gerá-la em seu ventre.

— Como está Vânia, Clotilde? — indagou Leandra à companheira, enquanto cortava legumes para o almoço, que seria servido em algumas horas — com uma penca de filhos e sem marido, ela deve estar na mais profunda penúria.

— Ela está mal — respondeu a mulher mais velha — distribuiu algumas crianças, mas as recém-nascidas passam fome. Seu leite secou! A vi ontem, os meninos estão raquíticos!

Ouvindo a conversa das duas empregadas, Mariza sentiu seu corpo estremecer. Levantando-se da bela cadeira, a dama pôs a xícara sobre a mesa.

— O que está acontecendo? — indagou a esposa de Agenor — que mulher é essa que está em apuros?

Clotilde, limpando as mãos em seu avental, engoliu em seco. Sentia que tinha desagradado a patroa. Mas impelida pela indagação de Mariza, contou tudo que sabia sobre a tragédia que se abatera no lar da pobre Vânia.

Ouvindo atentamente cada palavra, Mariza permitiu que as lágrimas chegassem a seus luminosos olhos. Como ela, pensou subitamente, tinha tanto e outras pessoas tinham tão pouco.

— A doutrina do professor francês deve ter a resposta — disse a mulher para si mesma — mas, por ora, tenho que ver essa pobre com seus filhos famintos! — E se dirigiu às duas mulheres: — me levem onde essa senhora se encontra. Agora!

Assustadas, Clotilde e Leandra se entreolharam. Jamais tinham visto a senhora falar-lhes com tamanha energia, embora não tivessem sentido nenhuma arrogância em suas palavras. Clotilde saiu apressada para buscar o velho Nestor, um dos empregados de confiança que trabalhava nas cercanias da casa-grande. Enquanto isso, a esposa de

Agenor sentia uma estranha vibração tomar seu coração bondoso.

Nestor chegou com seu chapéu nas mãos ossudas. Era um homem duro, mas leal. Já viera com uma carruagem que pudesse transportar a dama. Despedindo-se de Leandra, que ficaria, Mariza pediu que ela avisasse ao esposo que havia saído intempestivamente para ajudar uma mulher em necessidade, mas que não tardaria a voltar.

Na companhia de Clotilde, que conhecia o caminho, e de Nestor, Mariza partiu para a região mais pobre de Magé, levando consigo alguns mantimentos. Seu coração, descompassado, dava uma estranha força à jovem mulher, que buscava apoio nas orações que aprendera na meninice.

163

CAPÍTULO 29

A carruagem de Nestor adentrou por um estreito caminho tomado pelo mato. A dama não sabia, mas o velho empregado levava uma pistola, pois receava salteadores. Clotilde comentava com Mariza o pouco que sabia da sofrida Vânia, fazendo os olhos da nobre dama marejarem.

Finalmente, chegaram a uma triste choupana, cujo teto estava perigosamente frágil. Uma menina magérrima estava à porta. Assim que Nestor parou a carruagem, a criança correu para dentro da casa, chamando pela mãe.

Uma mulher encurvada e de passos lentos surgiu, enquanto as duas mulheres desciam do transporte, ajudadas pelo funcionário.

— Vânia, olá, trouxe uma pessoa para ver a senhora — disse Clotilde, respeitosa. — Você e os bebês estão bem?

— Estou indo como Deus quer — respondeu a mulher, temerosa, embora com uma estranha sensação a encher-lhe o coração dorido — se meu marido lhes fez...

— Viemos aqui para ajudar — interrompeu Mariza — sou esposa do senhor Agenor Pacheco. Pode nos dar um pouco de seu tempo?

Vânia há muito ouvia falar do fazendeiro da fazenda São Marcos. Sabia que tanto ele quanto a bela esposa eram pessoas boas e justas. Um sorriso desdentado surgiu pela primeira vez em muito tempo no rosto fundamente marcado da mulher.

— Sabemos que passa por necessidades — prosseguiu Mariza tomando delicadamente as mãos da outra — trouxemos mantimentos. Sei ainda que foi deixada pelo marido com duas crianças recém-nascidas...

— É verdade — respondeu Vânia, com lágrimas rolando em seu rosto — muita desgraça em minha vida!

— Não desanime! — atalhou a dama — viemos ajudar!

Ficando de joelhos, Vânia beijou as mãos de sua benfeitora, que, constrangida, ajudou a mulher a se levantar. Com um aceno seu, Nestor descarregou os mantimentos e começou a levá-los para dentro da choupana.

— Desculpe, minha senhora — murmurou Vânia — não tenho nem um banco decente para a senhora se sentar...

— Não é, por ora, uma visita social, minha cara, — sorriu Mariza com a voz ligeiramente embargada

— vim para ajudar. — E depois de uns momentos os olhos luminosos da esposa de Agenor buscaram alguma coisa no interior do barraco — onde estão os bebês?

— Dormindo, graças a Deus — respondeu Vânia — eles estavam com fome e eu não tinha leite. Gritaram até se cansar e dormiram de fraqueza.

Alarmada, Mariza entrou no lar da mulher paupérrima. Encontrou o pequeno Gaspar deitado em uma cama de palha velha e Getúlio ao seu lado, em um sono agitado. A magreza dos dois era assustadora. Lágrimas rolaram pelo rosto da dama e caíram no rostinho sujo de Getúlio, que despertou lentamente. Aconchegando a criança em seus braços, uma estranha vibração tomou o corpo de Mariza, fazendo o pequeno parecer aliviado por alguns instantes. Gaspar despertou e fitou a estranha mulher próxima a ele.

Vânia, testemunhando aquele momento de sublime ternura, fitou seu filho nos braços da mulher que chegara para salvá-la da fome. Parecia à pobre mulher que aquilo já era de seu conhecimento. Em seu coração havia tristeza por aquilo.

— Senhora Pacheco, — disse lentamente a mãe — não posso criar os bebês. Tenho filhos demais e muita pobreza. Temo que eles não sobrevivam comigo.

Banhando-se em lágrimas, Vânia baixou a cabeça. Clotilde, em silêncio, pranteava também, emocionadíssima. Até mesmo o frio Nestor lutava contra as lágrimas. A única filha que ficara com Vânia acompanhava o desenrolar da cena.

— Gaspar e Getúlio vão sobreviver — disparou Mariza — você vai vê-los se tornarem homens, Vânia. Irei criá-los como se fossem meus filhos, mas nunca esconderei a origem deles. Nem deixarei você e seus outros filhos desamparados. Eles estudarão e você terá um emprego decente. Por Deus, eu juro isso!

Retornando à carruagem, com Gaspar em seus braços, Mariza se despediu de Vânia e de sua filha. Iria fazer o máximo para ajudá-las. Mas, por ora, teria de socorrer os bebês aninhados em seus braços e nos de Clotilde, pois temia que a fome os levasse.

O mais rápido que podia, Nestor, ainda comovido, guiava os animais. Fora ele quem lembrara que a esposa de um dos funcionários da fazenda estava amamentando uma criança de alguns dias de vida. Sem dúvida, a salvação dos gêmeos estava no leite daquela mulher.

Chegando à fazenda, Agenor e Germano foram recepcionar Mariza e seus companheiros. O rico senhor estava muito preocupado, enquanto o administrador não tirava os olhos do pequeno embrulho nos braços da patroa.

— Crianças, Agenor! — exclamou Mariza com os olhos novamente marejados — estão morrendo de fome!

Enquanto Agenor empalidecia aturdido pela notícia, Germano saltava para dentro da carruagem de Nestor. Como o empregado, o administrador também sabia onde buscar o socorro necessário. Minutos depois, os dois homens chegaram com uma roliça mulata, de semblante assustado, mas com os seios pejados de leite. Desesperados, Gaspar e Getúlio agarraram-se aos seios da mulher, saciando a fome.

Enquanto os bebês mamavam, Germano mandou alguém avisar ao esposo de Mafalda que ela estava na casa-grande. Mariza, emocionada, narrou todo o acontecido ao esposo, que ouviu a tudo com atenção.

— Meus filhos — disse Agenor fitando os meninos mestiços nos braços da ama de leite — você disse, Mariza. E quanto aos sonhos que anelamos com sua gravidez?

— Sinto que jamais irei gerar vida em meu ventre — retrucou a esposa, pegando as mãos do marido, que era tomado pelas fibras mundanas do machismo da época — não seja tomado pela vaidade de querer aninhar em seus fortes braços apenas aqueles que tenham o seu sangue. Você não é desses. Não estuda, por acaso, a Doutrina dos Espíritos, que nos dizem que a carne e o sangue não são nada?

Agenor sabia que a esposa estava certa. Mas ainda assim era difícil quebrar os dogmas assentados nas fibras íntimas do seu ser imperfeito. Silenciando, ele abraçou a esposa e mandou Clotilde providenciar um banho e algumas roupas para os gêmeos.

CAPÍTULO 30

Os pequenos irmãos foram acolhidos no lar de Pacheco. O esposo de Mariza, a princípio, mantinha a postura distante de um homem frio. Mas na segunda noite dos gêmeos na São Marcos, ele, inspirado por Angélica, tomou o *Evangelho Segundo o Espiritismo* nas mãos e seus dedos abriram no capítulo seis e seus olhos pousaram no item sete, que versava sobre a autoridade e identidade do Espírito da Verdade, dando luzes consoladoras às almas aflitas.

Percebendo a intercessão dos amigos espirituais, o homem orou, ainda com o livro nas mãos. Não iria mais perder seu tempo em conflitos temporais. Que os outros digam o que quiserem. Aceitaria as crianças como suas pois imaginava que laços imorredouros e seculares os uniriam a eles.

— Muito bem, meu caro João Franciscano — disse Angélica — suas inclinações bondosas nunca se apagam! Mesmo com o véu do esquecimento!

Germano, que encontrara o patrão e amigo lendo junto à poltrona, aguardou em silêncio. Uma súbita curiosidade tomava a mente do dedicado trabalhador. Reparando que Agenor lia um dos estranhos livros, o administrador baixou os olhos, esperando o momento de falar.

— Germano, meu caro — disse Agenor, abrindo os olhos, completamente refeito — não precisava ficar me esperando como uma estátua!

— Não sabia o que fazer — retrucou o outro, sorrindo. — Mas bem, tenho boas-novas! Dona Vânia vai viver com a filha que se recusou a sair de perto dela em uma pensão perto da estação de trem. Enquanto isso, iremos reformar a casa dela. Providenciei, em seu nome, escola para as crianças dela, o mais perto possível de onde estão. Há o mais velho, Eraldo, que vai começar a trabalhar em nosso armazém — balançando a cabeça positivamente, o administrador prosseguiu — é um moleque forte, bem alto para quem tem doze anos. Depois da escola vai procurar pelo Belizário e se apresentar ao serviço.

— Mariza vai gostar muito de saber disso — sorriu Agenor. — Mas será que dona Vânia vai querer reaver os gêmeos?

— Vânia está resignada quanto a isso — respondeu Germano — ela sabe que abdicou das crianças embora as ame muito. Dá para ver nos olhos dela. Também, deixar os filhos em uma vida melhor é um sonho que ela não realizaria com recursos próprios.

Agenor pôs o livro espírita sobre a mesa. As respostas de que precisava haviam sido dadas. "sejam dóceis aos Espíritos do Senhor" dissera a mensagem lida, e isso, sabia ele, significava obediência à missão que lhe chegava. Essa missão, sabia o empresário, era cuidar de Gaspar e Getúlio.

— Dona Vânia assim que recuperar a saúde — disse Germano, tirando o amigo das divagações — volta a trabalhar. Ela é das nossas, gosta de serviço. Há uma conhecida nossa, dona Lucélia, que poderá empregá-la como auxiliar de costura.

— Eu quero que dona Vânia se despeça dos filhos amanhã — disse Agenor — tenho que voltar para a fábrica.

— Já! — exclamou Germano, que esperava ainda que Agenor se demorasse mais uns dias — eu havia entendido que ficariam uma semana!

— Vou levar os meninos ao médico — volveu Agenor, prático — aqui temos bons doutores. Na capital, os melhores. Além disso, preciso de orientações dos companheiros da Sociedade Espírita.

Germano bufou, contrariado. Alisando os fartos cabelos claros, o administrador acabou por acatar. Tinha muito a tratar com o patrão sobre a fazenda e os negócios em Magé. Mas sabia que não adiantava insistir. Ele próprio tinha uma grande sensação de reconhecimento quando se aproximava ou mesmo pensava nas crianças que estavam adormecidas no amplo quarto da fazenda. Com elas estavam Mariza, Mafalda, e seu bebê Damião, e Suzana, outra ama de leite encontrada para ajudar. O dedicado empregado da fazenda São Marcos, em seu íntimo, quase podia jurar que aqueles meninos magros eram conhecidos seus.

— Agenor — disse por fim Germano — por que esse seu livro tem escrito na capa *Evangelho Segundo o Espiritismo?*

Agenor fitou o amigo de infância e seu mais leal empregado. Sabia que sua formação católica e seu amor pela Igreja eram imensos. Jamais haviam discutido sobre religião, pois isso iria ferir a ambos. Pegando novamente o livro, Agenor o estendeu a Germano.

— Um dia, eu fui ateu, você sabe disso — disse Agenor — eu cumpria os ritos sociais de ir à missa, receber a hóstia e tudo que condizia aos bons olhos da sociedade. Mas em mim havia um vazio. No Rio de Janeiro conheci um homem que me deu esse livro. Hoje eu o dou a você.

Aceitando o presente, Germano observou a obra que apresentava as folhas bem usadas. Não percebeu, mas um sorriso se instalara em seu rosto geralmente impassível.

— Há alguns anos conheci um verdadeiro sábio — prosseguiu Agenor — um simpático velhinho chamado Joaquim Travassos. Ele me presenteou com esse livro e me deu vários ensinamentos. Acho que essa obra vai lhe fazer bem, sem, necessariamente, que deixe a Igreja.

Os amigos apertaram as mãos e foram cuidar de seus afazeres referentes à fazenda. Tinham alguma pressa, pois a viagem para o Rio de Janeiro seria no dia seguinte e muito precisava ser feito.

***

No dia seguinte, na estação de trem, a emoção reinava. Vânia e sua filha Manoela se despediram dos gêmeos, que tinham recuperado peso e adquirido cores saudáveis. O médico, que os assistia, doutor Carneiro, também estava lá, austero como sempre. Até mesmo Nestor pedira permissão para beijar a cabecinha das crianças e Mariza, sorrindo, havia concedido. Suzana e seu bebê de quase um ano, Olívia, iriam junto, até que o casal Pacheco encontrasse outra ama para ajudá-los. Fabrício, o marido de Suzana, estava chateado, mas sabia que aquilo era necessário.

— Não tenho palavras — disse Vânia, às lágrimas — muito obrigada pelo que os senhores fizeram em minha vida.

— Não se preocupe — disse Mariza à mulher sofrida — seus filhos têm duas mães, agora. E um pai, que antes de tudo é justo. Como Deus é bom com Gaspar e Getúlio!

— Se o seu marido voltar — interrompeu Agenor com um estremecimento súbito — atrás de sua casa e do seu dinheiro... Germano tem ordens específicas.

Vânia novamente suspirou aliviada. Beijando as mãos de Agenor, que ficou surpreso, a mulher agradeceu novamente. Desejando boa viagem, Germano e aqueles que ficariam, viram o trem levando a ampliada família Pacheco para o Rio de Janeiro.

CAPÍTULO 31

Marcos estava contemplando o amanhecer. Seu ar venerável abrandava as dores dos enfermos que estavam ali. Angélica e César, espíritos que foram agregados à falange de trabalhadores espirituais, que era dirigida pela sábia entidade, aproximaram-se. Angélica era mais evoluída moralmente que seu companheiro, mas preferia, por humildade, manifestar-se da mesma maneira que o homem que um dia fora boiadeiro na Terra e que ainda gostava de se apresentar assim.

— Meus irmãos — disse Marcos a Angélica e a César — a missão de Nuno e Afonso segue bem. Vocês estão cumprindo belamente o papel ao qual se candidataram. Como gêmeos, os antigos calcetas estão se reerguendo, mesmo com brigas eventuais e outras dificuldades.

— Sim — concordou Angélica — desde pequenos estudando a codificação organizada por

Allan Kardec, ambos sabem que precisam se modificar para melhorar sua conduta.

— Nos próximos dias, porém — asseverou o mentor — devemos, ao máximo, inspirar o bem neles. Catarina, renascida como Vilma, irá reencontrá-los. É hora dos verdadeiros testes! A missão terrena de Agenor está chegando ao fim. Agenor, que fora também João Franciscano, em breve, regressará à nossa companhia neste plano.

César alisou os cabelos escuros. Sabia que as dificuldades iriam abalar a caminhada dos irmãos. Era ele quem mais permanecia na companhia de ambos e, mais de uma vez, Mariza, que desenvolvera a faculdade mediúnica da vidência, vira o amigo espiritual ali.

— Senhor Marcos — disse timidamente o antigo boiadeiro — não temos outra forma de ajudar esses dois? É que eles são jovens, ligeiramente temperamentais, e a cabeça deles está bem confusa aos dezessete anos. Nós já tivemos essa idade, nobre senhor, e sabemos que as coisas ficam, digamos, fora do eixo!

Marcos abriu um luminoso sorriso para César, que se sentia muito envergonhado de estar na presença de um espírito tão elevado. Afetuoso, o mentor abraçou o pupilo balançando positivamente a cabeça.

— Meu bom César, suas palavras são simples, porém cheias de verdade — proferiu Marcos — e têm muito peso, uma vez que você passa boa parte do tempo com Gaspar e Getúlio e os conhece bem, além de se colocar no lugar deles. Isso é muito bom! Mas estamos fazendo o necessário. Não podemos amolentar o desenvolvimento deles, pois será a dor a melhor das professoras. Tenha fé, meu irmão, que eles vencerão! Tudo vem na hora certa!

    Tudo fora acertado entre os espíritos do Núcleo de Socorro. César e Angélica regressaram às esferas terrestres, se reunindo aos encarnados aos quais se afeiçoaram. Em oração, o venerando Marcos permaneceu acompanhando o desenrolar daquele drama secular.

CAPÍTULO 32

Getúlio caminhava pela rua do Ouvidor. Era um jovem animado, mais baixo que seu irmão e gostava de assentar seu chapéu da forma mais sóbria possível, enquanto Gaspar preferia deixá-lo meio de lado. Fizera dezessete anos no mês anterior, mas acreditava saber tudo de que precisava.

Enquanto caminhava pela rua movimentada do centro da cidade, o jovem sentia em seus pulmões o cheiro do mar. Amava as praias, devaneando sobre as antigas aventuras dos marinheiros, que gostava de ouvir dos pescadores. Lera, com avidez, os livros de Júlio Verne e, por mais de uma vez, se vira no *Nautilus* ao lado de Nemo. E esse desejo de navegar e viver aventuras, levou o jovem a sonhar com o ingresso na Marinha. Seu pai, porém, ansiava que ele ficasse no comando dos negócios da família com seu irmão.

Imerso naquele súbito dilema, que toldara seus sonhos navais, Getúlio deu um esbarrão, fazendo seu belo chapéu cair no chão.

— Me desculpe! — disse ele, abaixando-se rapidamente — eu não...

Absorto no que via diante de si, Getúlio empalideceu. Uma jovem, mal saída da infância, de longos cabelos castanhos e pele clara, sorria para ele, ruborizada. É verdade que ela quase caíra, mas tinha conseguido se equilibrar.

— Eu estava andando sem prestar atenção — disse a jovem, interrompendo o silêncio — a culpa foi minha.

— Então somos dois os culpados — atalhou, sem jeito, o rapaz — como sou um cavalheiro, é meu dever assumir sozinho a culpa!

— Vilma! — exclamou uma senhora surgindo com um grande embrulho.

— Estou bem, mãe — retrucou a moça — eu dei um esbarrão nesse rapaz. Estamos bem!

A senhora fitou Getúlio de alto a baixo. Suas roupas elegantes não combinavam muito com a pele parda do rapaz, que fazia um educado cumprimento a ela.

— Perdoe-me, senhora — disse Getúlio, que percebera o olhar discriminador da dama — a culpa foi minha. Meu nome é Getúlio Figueiredo Pacheco. Eu gostaria de convidá-las para um refresco. Não queria que ficassem com má impressão minha!

As duas mulheres se entreolharam. O rapaz indicara a confeitaria que estava do outro lado da rua e que era uma das mais caras da cidade. Fazendo uma delicada mesura, o jovem repetiu o convite, que fora aceito.

Deixaram o encontro casual de forma alegre e respeitosa. Dona Zélia, muito impressionada com o rapaz, deu a entender que esperava que Getúlio fosse visitá-las para um lanche, tanto que indicou onde a família Salles residia no bairro da Tijuca.

— Senhora — disse Getúlio — dizem que a verdejante Tijuca se assemelha ao paraíso divino, tanto pelo clima quanto pela beleza. E agora estou convencido disso.

— No sábado, então — disse Vilma, corada, para espanto de sua mãe, que desejava que fosse mais contida — é bom que conheça meu pai.

Assim foi o encontro de Catarina e Afonso, reencarnados como Vilma e Getúlio. Uma grande vibração surgiu entre eles, a ponto de quase se reconhecerem, mesmo sob o pesado véu do esquecimento.

Embevecido, Getúlio foi até a firma que prestava serviços para a fábrica e, ao fim da tarde, adentrava o grande escritório do pai, no coração da Santa Clara. Nem se apercebera dos cumprimentos dos funcionários, que muito estimavam o jovem.

— Demorou! — exclamou Gaspar assim que o irmão cruzou a porta — foi fabricar as roldanas de que precisamos?

— Hoje, nem você me aborrece! — riu o outro — hoje vi um anjo!

— Esse anjo deve ter aparecido depois da encomenda das roldanas, espero! — disse Damião, que fora seu irmão de leite e que era um grande amigo dos dois irmãos, sendo intermediador dos conflitos entre eles, além de já ter vivido como Guilherme Borges — pois caso contrário, doutor Agenor fará de sua vida um inferno!

— Acho bom esse anjo ter aparecido depois mesmo! — irrompeu Agenor pela sala, cheio de papéis.

— Bem — respondeu Getúlio lentamente, sendo fulminado pelos olhares ali presentes — Deus é tão sábio que mandou o anjo depois da encomenda das roldanas!

As risadas foram seguidas por um suspiro geral. Gaspar voltou a seus afazeres e Agenor também. Damião, curioso, procurou saber quem era o "anjo" e ficou espantado com a descrição do amigo.

***

Mais tarde, de volta ao lar, Agenor reuniu seus dois filhos, além de Damião, que era seu afilhado. O envelhecido senhor pôs na boca seu cachimbo e soltou uma longa baforada. Mais ao canto, Mariza permanecia em silêncio. Fora ela a articuladora daquele momento.

— Bem, meus jovens — disse Agenor — vocês têm a mesma idade. Foi quase uma ninhada! — todo o momento sério ruíra com aquela piada do bondoso homem — e chegou a hora de uma conversa. É tempo de marcar o futuro. Meu pai, quando eu tinha a idade de vocês, me jogou na universidade, onde aprendi Administração, Direito... Eu já conhecia cada centímetro da São Marcos e da fábrica. Acredito que vocês também. Não posso dizer que alguém aqui é vagabundo, pois após as aulas abraçaram os negócios da família.

Damião então baixou a cabeça, tímido. Seus pais, analfabetos, eram descendentes de escravos e, sabia ele, se não fosse pela bondade do casal Pacheco, seria mais um iletrado no mundo. O mesmo se podia dizer dos irmãos Gaspar e Getúlio, que tinham sido bem encaminhados pela influência de Agenor e Mariza.

— Damião, levante a cabeça — disse Agenor, interrompendo seu discurso — você está no mesmo barco que Gaspar e Getúlio. Não ache que é por piedade! É minha obrigação como servo de Deus fazer o possível por vocês! Se, porém, escolherem outro caminho, nada poderei fazer.

Agenor abriu outro sorriso e nova baforada veio. Dona Mariza estava em silêncio. Sentia muito orgulho das crianças que vira crescer e do esposo que tanto amava.

— Pai, o senhor é um homem admirável — disse Getúlio reunindo todas as suas forças — é respeitado até por gente que ouviu seu nome sem conhecê-lo!

— Não me bajule, filho — interrompeu Agenor, já prevendo o que iria ouvir — seja direto, pelo amor de Deus!

— Eu quero ingressar na Marinha, meu pai — disparou o jovem, arrancando uma risada de escárnio de Gaspar — eu quero navegar!

— Com um esfregão! — riu Gaspar, sendo silenciado pelo olhar de Mariza.

— Filho — disse Agenor, ciente do desejo do rapaz desde a tenra infância — é um modo de vida duro e perigoso. Gostaria que você amadurecesse mais, estudasse na universidade para conhecer outras opções. Porém, vejo em seus olhos muita determinação. Além disso, sabe que sempre poderá voltar para casa.

Sorrindo com a anuência do pai, Getúlio beijou respeitosamente sua mão, em um silencioso pedido de bênção. Gaspar decidiu ir para a universidade de Direito com Damião, conforme o casal Pacheco previra.

CAPÍTULO 33

Os planos de formação foram traçados e Agenor intermediou tudo. Getúlio se apresentou à Academia Naval e Gaspar e Damião se inscreveram na universidade.

Getúlio compareceu à casa de Vilma, conhecendo seu pai, Rogério, que ficou agradavelmente surpreso com o jovem. Não tardou para que o casal Pacheco visitasse a família Salles, que também retribuiria a gentileza.

Quando, porém, Gaspar foi apresentado a Vilma, uma estranha sensação acometeu ambos. Um sentimento simpático, até piedoso, surgiu por parte da jovem, enquanto ao rapaz, o sentimento era de cobiça. César e Zilá, que acompanhavam aquilo, tentaram sugestionar Gaspar, em vão, para que pensasse em outras coisas.

Os dias avançaram velozes e não tardou que os jovens iniciassem os estudos. Quando findou o segundo ano da formação, e pouco tempo depois de

Getúlio e Vilma firmarem noivado, Agenor Pacheco, em plena fábrica, caiu fulminado por um balaço, disparado por um ex-funcionário que fora pego roubando e, que em vez de ser preso, conforme queriam os administradores, fora apenas demitido pelo patrão, que ficara certo de que a vergonha iria emendar o criminoso. Infelizmente, o assassino, ingrato pela misericórdia de Agenor, e guiado por espíritos trevosos que odiavam o servidor do bem, tomou a arma que possuía em casa e, desatinado, matara o benfeitor, que antes de reencarnar sabia que iria perecer daquela forma abrupta.

    Desarvorada pela notícia, a família Pacheco se reuniu em volta do caixão do patriarca, e com eles, todos os amigos encarnados e desencarnados que Agenor amealhara. Emocionado, Germano, convicto na Doutrina dos Espíritos e convertido pelo humilde doutrinador, proferiu eloquente discurso em homenagem ao irmão que regressara à pátria espiritual. O presidente da Sociedade Espírita, da qual Agenor era secretário, também discorreu sobre o humanismo do amigo e como foram suas últimas palavras sobre seu algoz, que falavam de perdão e esperança.

    Por fim, enlevados por Marcos, que supervisionara o desencarne do dedicado amigo secular, todos proferiram uma oração em homenagem ao desencarnado. Mariza, esposa leal e amorosa, era ladeada pelos filhos, que retinham dignamente suas lágrimas, pois estavam certos do reencontro vindouro.

***

No dia seguinte, na casa da família Pacheco, Germano, que era chamado pelos gêmeos de tio, reuniu a família de seu antigo amigo e patrão.

— Meus rapazes — disse ele, com seus cabelos grisalhos e recuados até o meio da cabeça — Agenor foi um bom pai, e continua sendo, vocês sabem disso! Mas muita gente dependia do trabalho dele. Famílias inteiras. Em nome de Agenor administrei a São Marcos, o armazém e algumas outras coisas por muitos anos. Eu fui, inclusive, guardião de seu testamento após o desencarne do doutor Flávio Saldanha, no ano passado. Está aqui o documento. Vocês dois herdam tudo. Igualitariamente.

O homenzarrão, que fora frei Estêvão, entregou nas mãos de Gaspar o documento, feito cinco anos atrás, por precaução de que algo acontecesse.

— Vocês foram legitimados por seu pai, perante um juiz — prosseguiu Germano — jamais serão contestados. Mas são muito jovens, estão estudando. Não recomendo que parem tudo para tocar o negócio.

— Quem há de tocar o negócio, então? — indagou Gaspar entregando o testamento a Getúlio.

— Administradores — respondeu Germano — estudem primeiro e trabalhem depois. A menos que estejam insatisfeitos com meu trabalho!

— Não, tio! — retrucou Gaspar.

— Tio, o senhor era um irmão para nosso pai — emendou Getúlio.

— Sim, mas tio, o senhor não conhece a fábrica — prosseguiu Gaspar — mas nós sim!

— Péricles trabalhou com seu pai durante vinte anos — retrucou o homem mais velho — ele pode administrar a fábrica em nome de vocês!

— Mas... — suspirou Gaspar, ficando vermelho.

— Não tem "mas", Gaspar — interrompeu Mariza, ficando de pé — fazemos o que é possível, certos de que a sabedoria divina quer o melhor para nós. Não devemos nos perder em nossos propósitos. Agenor iria querer que terminassem os cursos de vocês, da mesma forma que iria querer que seus empregados tivessem a segurança de uma boa liderança. Germano cuidará, como sempre, dos negócios em Magé; e Péricles lidará com a Santa Clara.

— Não concordo, mãe! — gritou Gaspar — a fábrica é nossa e nunca foi comandada por outro que não um Pacheco! Eu deixarei a universidade!

— Não! — volveu Mariza. — Ouça o que está dizendo! Não questione a vontade de seu pai!

Rubro de raiva, Gaspar virou as costas e saiu. Antes, porém, parou diante de seu irmão e o mediu da cabeça aos pés.

187

— Mais uma vez não me apoiou — disse Gaspar ao irmão — só pensa na Marinha e na sua namorada. Não pensa na família, que entregou seu tesouro a estranhos! Juntos deveríamos governar o legado de nosso pai!

Em silêncio, Getúlio permaneceu. Pisando furiosamente, Gaspar retornou ao seu aposento. O clima tenso foi disperso quando Germano disse que Eraldo, irmão biológico e mais velho dos gêmeos e gerente do armazém de Magé, estava na sala de estar, preferindo não participar daquela reunião íntima. Getúlio gostava muito de seu falante irmão e foi se reunir com ele, sendo seguido por Damião.

— Espero que Gaspar abrande seu coração — disse Germano a Mariza — tenho medo de ele abrir as comportas da ira que traz dentro de si.

— Eu oro todos os dias por meus filhos — suspirou a mulher — eles têm pesado débito um com o outro, mas nunca se renderam ao rancor até hoje. Fiquei até preocupada com Vilma, pois percebi o olhar de Gaspar para ela, mas fiquei aliviada quando entendi que a jovem simplesmente não existe para ele.

— Você é uma boa mãe, senhora — proferiu o administrador — e Agenor também foi um bom pai. Mas nem tudo podem fazer pelos filhos. Eles conhecem a lei de ação e reação e não irão agir com a cabeça quente.

— Assim espero! — suspirou a mulher.

CAPÍTULO 34

Teimoso, Gaspar após as aulas na universidade passou a trabalhar no escritório da fábrica. Ficava lá até altas horas da noite, verificando documentos e conferindo material. Péricles, companheiro de ideal espírita de Agenor, demonstrava muita paciência, sobretudo, quando era tolamente confrontado pelo jovem. Por mais de uma vez, Mariza chamou a atenção do filho, que se tornava cada vez mais apegado aos negócios, desenvolvendo um estranho materialismo.

Em orações, Mariza clamou à espiritualidade amiga que intercedesse. Marcos, por duas vezes, trouxe em desdobramento o jovem para ouvir salutares orientações que deveriam pô-lo nos eixos. Em silêncio, o jovem rebelde ouvia, mas não mudava seu comportamento. Como Mariza procurava sempre chamar sua atenção, Gaspar passou a evitar a casa de sua mãe, chegando apenas para banhar-se e comer.

— Meu filho — disse a matriarca, certa noite — vamos à Sociedade, tem meses que você não vai lá!

— Como irei, se tenho o que fazer? — retrucou o outro, cheio de atrevimento — tenho que olhar bem de perto o que Péricles vem fazendo!

— Está agindo muito mal, meu filho — ralhou pela milésima vez a viúva — você conhece Péricles desde que chegou aqui. Ele é um homem de bem!

— Nunca disse o contrário — volveu o jovem estudante de Direito — mas ele e meu pai, juntos, administraram a fábrica. Como um homem velho, sozinho, pode fazer isso agora?

Mariza fitou o filho. Em suas fibras íntimas jamais sentira a ira em seu coração. Não sabia mais o que dizer a ele. Resignada, a doce viúva tomou o caminho da Sociedade Espírita. Enquanto caminhava na companhia de Poliana, uma das empregadas do lar, que era também frequentadora da casa espírita, Mariza percebia que nem mesmo quando Vânia desencarnara, há sete anos, seu filho ficara tão transtornado.

Péricles, que era Tomás reencarnado, após o encerramento das atividades e percebendo a aflição de Mariza, chamou-a na presença de sua esposa, dona Eulália, para uma rápida conversa.

— Vejo que está aborrecida — disse Péricles, sem rodeios, como de costume — deve ser por causa de Gaspar.

— Estou envergonhada e preocupada com a conduta dele, meu caro Péricles — respondeu a viúva — nem sei como proceder.

— Seu menino tem a perigosa sede de poder — observou o amigo, que fora instrutor dela e de Agenor nos caminhos da Doutrina Espírita — mas eu acho que ele se acalmará se me ajudar formalmente. Daremos o que ele quer, mas em nossos termos. O que acha?

— Já tinha pensado nisso, meu amigo — sorriu a mulher — mas não sabia como lhe falar sobre isso. Não queria ofendê-lo!

— Ah, minha cara — volveu o amigo — nunca tivemos esses melindres. Quiçá agora nesse momento turbulento. Essa nossa conversinha, verdadeiramente, é organizada pelos nossos amigos da erraticidade!

Mais leve, Mariza regressou ao lar e, assim que Gaspar regressou do escritório que fora de seu pai, ouviu a novidade. Arrogante, nem percebeu que não poderia despachar nem lidar com os contratos sem Péricles. Outra condição imposta pela mãe era priorizar os estudos, e após, o jovem deveria se dirigir ao trabalho, para uma mesa na sala de Péricles.

Houve, nos dias que se sucederam, alguns choques entre Gaspar e Péricles, que foram encarados com paciência redobrada por parte do homem mais velho, e como afronta pelo jovem. Na prática, voltara ao seu antigo cargo de auxiliar de contabilidade, quando, o jovem queria lidar com as transações de compra e venda dos tecidos que a fábrica fazia. Por mais ordens que o jovem desse aos funcionários, esses, educadamente, não cumpriam as determinações, muitas vezes, sem sentido, do filho do saudoso Agenor.

    Por fim, cansado de brigar, e com alguns lampejos da luz que aprendera na Sociedade Espírita, Gaspar arrefeceu seu ímpeto e se concentrou nas suas tarefas. Iria dominá-las e, lentamente, planejou ele, iria tomar o controle das mãos de Péricles.

CAPÍTULO 35

Os ventos do tempo inclemente não cessam. Logo que se graduou oficial na Marinha, ainda bem jovem, Getúlio desposou Vilma, em janeiro de 1939. Na igreja da Candelária, pois a família Salles era fortemente católica, o casal se uniu sob as bênçãos de um querido padre, de nome Afrânio. Após uma oração banhada de luz, que contou com a participação de Agenor e Marcos, cuja presença foi detectada por uma emocionada Mariza, Getúlio e Vilma se beijaram imersos em felicidade.

— Getúlio está acostumado ao bem-bom que papai proporcionava — disse Gaspar a si mesmo, quase num rosnado — e essa moça também. Quero ver se vivem com o soldo de soldado e com as viagens. Ah, quero ver...

Durante a festa, após o baile dos nubentes, Mariza reuniu os dois filhos. Germano dançava com sua esposa Anamaria e os filhos de Vânia se divertiam e se encantavam com tamanha fartura.

— Eu sei que é dia de festa — disse a matriarca — mas uma mãe zelosa é sempre uma mãe zelosa. — Mariza se voltou para Gaspar — sei, meu filho, que não tem repassado a parte de seu irmão. Quero que faça isso imediatamente.

— Mãe — sibilou Gaspar ruborizando — ele rejeitou a fábrica e a fazenda! Ele, sem dúvida, não deve querer o dinheiro que de lá provém.

— É isso, mãe — concordou Getúlio — aceitei a casa como presente. Mas, não é correto eu ficar recebendo pensão.

— Mas aceitará — disparou Mariza — seu salário é baixo. Nem você nem a doce Vilma merecem passar aperto! E, sem falar que é herança. Seu pai iria querer isso. Façamos a vontade de Agenor! — os jovens de incrível semelhança física esboçaram alguma reação — não falem nada. Gaspar, além do salário, retira os percentuais que são o lucro dos negócios, como seu pai fazia. Pois bem, sou mulher e não devo entender de negócios, mas não se esqueçam de que sou esposa de Agenor Pacheco, e, não sou nada tola. Gaspar fica com a parte dele, acrescida pelo justo salário, enquanto Getúlio fica com o que lhe compete. Fim da história!

Assim, Mariza fez valer sua vontade e a festa se desenrolou como deveria. A matriarca, correndo os olhos pelo cenário alegre, sentiu um grande júbilo, mas sentia que uma tempestade, há muito aguardada e temida, desabaria em algum momento.

***

Bacharéis em Direito, Gaspar e Damião caminhavam com seus anéis nos dedos. Assumindo funções mais importantes na fábrica e nos outros negócios, exceto para aqueles situados em Magé, os dois amigos começaram a investir capital na área de importação e exportação. Naqueles tempos, a cultura do café, de grande peso na economia brasileira, agonizava, mas o mercado consumidor era carente de outros produtos como vinhos e algumas carnes. Logo, os pequenos negócios dos dois jovens cresceram, a ponto de Péricles tocar a fábrica de tecidos com a calma que tanto desejava.

Em apenas um ano, Gaspar e Damião compraram um grande terreno e ergueram ali um enorme armazém. Contrataram dois barcos para levar diversas cargas, inclusive os tecidos da Santa Clara, alcançando rapidamente a Argentina e o Uruguai.

Porém, enquanto Damião mantinha seu padrão de vida estável e com poucos requintes, comparecendo periodicamente à Sociedade Espírita, Gaspar afundava-se. Ao fim do dia, entregava-se aos licores e a outras bebidas mais fortes, e se encaminhava para a área boêmia de Vila Isabel ou da Lapa, onde conheceu uma vida terrivelmente comprometedora. Damião, alerta para o descaminho do irmão de criação, teceu mil argumentações que buscavam trazer de volta Gaspar para a retidão.

— Cuide de sua vida, Damião — exclamou Gaspar, furioso — sou adulto, trabalho duro e não devo nada a ninguém. Você é um irmão para mim, mas não tem direito de me ordenar nada!

— Tem aquela jovem do Andaraí, Jussara, a irmã da minha Janaína, que olha para você com interesse! — insistiu Damião. — Ela é linda! Não há razão para andar nas orgias que tem frequentado!

— Mais uma vez, não se meta em minha vida! — rugiu Gaspar.

Damião saiu da casa de Gaspar, que morava sozinho em um belo sobrado perto do armazém Pacheco, e se dirigiu para casa onde residia com Mariza. Entre lágrimas, a mulher ouviu os relatos de seu afilhado, confirmando suas suspeitas. Acorrendo a Péricles e aos confrades da Sociedade Espírita, com a presença de Damião e Germano, que viera de Magé apenas para o socorro espiritual de seu afilhado, realizaram uma sessão de desobsessão. No grupo de infelizes associados aos vícios onde Gaspar se metia, dos quais muitos nem sequer percebiam o mal que faziam, um espírito chamou a atenção de todos os presentes, tamanho era seu grau de lucidez e frieza.

— Encontramos um dos tiranos — disse um espírito enfermo — e assim que achamos esse a quem chamam de Gaspar encontramos o outro, que, mais uma vez quer ganhar os mares! Eles nos quebraram, agora os quebraremos!

Péricles, inspirado por Marcos, dialogou com aquela entidade vingativa, que tentava reconhecê-lo.

— O passado ficou para trás, meu irmão — dizia Péricles sob fortíssimo influxo de Marcos, que pedira permissão ao mentor daquela casa, irmão Luiz, para interceder a favor de todos — contemple o futuro! Sem dor, sem sofrimento! Veja quanta dor sente agora! Quanta confusão. Não sente falta da paz e de alegria? De que lhe adiantou tantos anos de desdita? O que você ganhou com isso que não tenha sido dor? Se erraram contigo, meu irmão, eles devem a si mesmos. Ou vai dizer que é vítima? Que é perfeito? Abrace a paz, seja feliz e deixe aqueles a quem chama de criminosos enfrentarem a lei divina, a qual você não tem competência!

— Já ouvi essa lorota antes — volveu o obsessor, por intermédio da seareira Sandra, uma dedicada trabalhadora da casa — já ouvi e não funcionou!

— Mas outros que estavam contigo nessa malta de sofredores — insistiu Péricles, quase incorporando o venerando Marcos — acreditaram nessas palavras e largaram a rixa para serem felizes! Onde estão eles? Eles estão felizes! Sua companhia agora é um grupo de espíritos que não sabe o que está fazendo! Eles serão todos levados! Ficará novamente sozinho, com dor e com medo! Chega de medo, meu irmão! Abrace a luz e reveja aqueles que ama!

O obsessor silenciou. Pareceu consternado. Deixando sua médium, a entidade perdida se retirou. Algumas sementes foram depositadas dentro dela. Péricles elevou suas palavras ao Altíssimo agradecendo aos amigos do espaço. Por fim, Carlos José, outro confrade, por psicofonia intermediou o mentor da casa, que exortou a todos a fé no Cristo e no serviço de caridade.

— Em nome de Deus, fizemos nossa parte — disse Mariza a Germano, cuja cabeleira era inteiramente branca, embora o vigor ainda estivesse presente nele — agora, oremos para que Gaspar volte a escolher o caminho correto.

CAPÍTULO 36

Germano, decidido a ajudar o afilhado, resolveu deixar os negócios de Magé nas mãos de Eraldo e de seu próprio filho, recém-formado em Engenharia Agrônoma, Renato. O envelhecido administrador era muito respeitado pelos gêmeos, e sabia que Gaspar iria ouvi-lo.

Quando soube que o padrinho iria visitá-lo, Gaspar suspirou. Sabia a razão, mas não conseguia ficar chateado com Damião, por quem nutria profunda amizade. Germano encontrou Gaspar trabalhando no armazém, marcando em sua agenda uma reunião na fábrica.

— Os negócios estão indo bem, apesar da crise por conta dessa guerra monstruosa, não é, meu jovem? — disse Germano com ar jovial. — Sei que está trabalhando demais e vim buscá-lo para uma pescaria! Soube que em Paquetá dá para se pescar alguma coisa!

Sabendo que não poderia recusar o convite de Germano, Gaspar sorriu. Depois de dar algumas ordens, o jovem empresário saiu com seu tio em um moderno automóvel, impressionando o veterano com a velocidade que aquele carro podia alcançar. Depois de saltarem da barca que tinham tomado para a bela e bucólica ilha no coração da Baía da Guanabara, munidos com dois caniços, o idoso sentou-se sobre uma pedra.

— O senhor se esqueceu da isca, tio — disparou Gaspar sorrindo.

— Para que machucar o peixe, se não pretendo comê-lo? — retrucou Germano, com uma estrondosa gargalhada, que nem de longe lembrava a sisudez da juventude.

— O que o senhor quer? — perguntou, sem rodeios, Gaspar.

— Que você tenha juízo! — pediu calmamente o padrinho. — Você tem tudo, mas parece querer mais. Lembra até um peixe, que, cedo ou tarde, morre pela boca.

Gaspar ouviu as palavras diretas do tio que tanto amava. Sabia, por conta das informações colhidas na Sociedade Espírita, que um poderoso laço os unia, bem como a Getúlio, que em breve seria pai pela primeira vez. Sempre que se lembrava daquilo, um forte incômodo o assolava.

— Estou ficando velho, Gaspar — prosseguiu o outro — mas ainda dou para o gasto. Minha velha quer viver aqui na cidade grande e acho que vou fazer a vontade dela. Começarei no seu armazém na semana que vem.

— O quê? — Gaspar quase caiu da pedra em que estava.

— Vi umas falhas em seu armazém — disse calmamente Germano, recolhendo e lançando o anzol sem isca na água — vou consertar para você. Lembre-se de que passei uma vida inteira em armazéns e fazendas. Vou me adaptar bem, não se preocupe.

— E a São Marcos? — indagou o advogado.

— Tem dois doutores ruins de engolir lá — disse sorrindo o velho administrador — conhecem aquilo lá melhor que eu. Vou trabalhar com um doutor advogado que sabe menos que eu. Uma verdadeira carícia para minha vaidade envernizada!

Na semana seguinte, Germano se apresentou ao armazém para alívio de todos, sobretudo, de Damião. O administrador organizou várias coisas, mostrando sua competência logo no primeiro dia. Em verdade, o velho ainda iria olhar a São Marcos, à distância, pois dizia querer ser enterrado lá. Com a presença de Germano, Gaspar passou a evitar as zonas boêmias e traiçoeiras.

Por insistência de Damião, que era noivo da irmã de Jussara, Gaspar passou a se encontrar com ela, na casa dos pais, no Andaraí. Depois de alguns meses, marcaram o noivado.

Foi no jantar comemorativo de noivado que, Getúlio e Vilma, com o pequeno Fabiano nos braços, se reencontraram com Gaspar. O oficial da Marinha, engalanado em traje de gala com sua esposa, que irradiava a luz que só as mães possuem, cumprimentou o irmão com excessiva formalidade. Afinal, velhas sensações ainda existiam entre eles, embora a cordialidade firmasse as estruturas do convívio familiar.

— Que bom que seus negócios vão bem, irmão — disse Getúlio em um certo momento — papai deve estar orgulhoso.

— Posso ver a felicidade em seu rosto, oficial — retrucou Gaspar, esforçando-se sinceramente — e seu filho é lindo! Puxou a mãe, graças a Deus!

Os dois irmãos riram. Mas os olhos de Gaspar pousaram em Vilma e no pequeno Fabiano, que dormia em seus braços. Ele também queria um filho.

O casamento de Gaspar seria após o matrimônio de Damião, cujo enlace estava marcado para acontecer dali a seis meses, em maio de 1941.

CAPÍTULO 37

Chegou enfim o matrimônio de Damião. Sóbrio, educado e de larga inteligência, o filho de Mafalda, negro e nascido em uma tapera, ascendia na esfera social. Seus pais, com roupas inacreditáveis para eles, eram lágrimas e sorrisos. Novamente o palco seria a Igreja da Candelária. Janaína resplandecia em seu vestido de noiva, mal contendo as lágrimas de emoção. Novamente, o padre Afrânio abençoou lindamente o casal, que era acompanhado por uma grande comunidade espiritual, que há muito conhecia Damião, que já havia sido dom Guilherme, no distante e antigo Portugal.

Gaspar e Jussara, noivos, apadrinharam o casal nubente. Jussara observava a irmã com estranhos pensamentos. Tinha para si um verdadeiro príncipe, belo, rico e com um futuro ainda maior, mas sentia, por alguma razão, inveja. A futura cunhada de Damião não amava seu noivo, vendo nele apenas um futuro rico, e isso muito preocupava os amigos espirituais, que faziam de tudo para melhorar a disposição mental da jovem.

Na festa do casamento, um jovem cheio de pompa, filho de outra rica família, os Mascarenhas, avistou Jussara bebendo sozinha uma taça de espumante. Ricardo Mascarenhas era um famoso boêmio, largamente conhecido pela lascívia, envolvendo-se rotineiramente em escândalos que envergonhavam sua sólida família.

— Olá — disse Ricardo, sorridente, a Jussara — meu nome é...

— Ricardo Mascarenhas — interrompeu a jovem com ar superior — um famoso sedutor.

— Minha fama me precede — prosseguiu o homem, ofertando mais uma taça à jovem, que buscava com os olhos por Gaspar, que discutia negócios com vários empresários — seu noivo não está perto de você, não é? Um tolo...

Assim foi que uma densa teia se apresentava às voltas da família Pacheco. Os meses de casamento de Damião transcorriam bem e o ano terminou com muito receio para os brasileiros, que acabaram engolfados nas cenas da Segunda Guerra Mundial.

Nas primeiras luzes de 1942, em fevereiro, em uma visita à casa de sua noiva, que tinha se tornado arredia e grosseira havia algumas semanas, Gaspar se deparou com seu sogro tomado pela ira e pelo álcool, e sua futura sogra banhada em lágrimas desesperadas.

— Onde está Jussara? — indagou Gaspar, tomado pelo temor. — Onde está minha noiva?

— Fugiu! — berrou Abelardo, arremessando o copo de cachaça que bebia sofregamente. — Minha filha fugiu com um vagabundo qualquer! Que vergonha!

Aterrorizado pela notícia, Gaspar deixou cair a caixa de doces que trouxera e não disse uma única palavra. Não amava a noiva como deveria amar, mas a respeitava profundamente e nutria grande carinho por ela. Quase podia ouvir o escárnio das pessoas ao descobrirem a traição e o abandono que sofreu o rico e poderoso Gaspar Pacheco. Pensamentos sombrios explodiram dentro do coração do jovem.

Virando as costas para o casal em prantos, Gaspar entrou em seu carro e saiu em disparada. Chegou a um local de má fama e, subindo na mesa do cabaré, engoliu largas doses de alguma aguardente, enquanto duas mulheres se aproximavam dele. Acompanhando a cena, César percebia a derrota do jovem advogado, sem notar que em meio a centenas de espíritos doentes, um brindava a dor do rapaz.

Quando Damião chegou à fábrica e notou que Gaspar não havia chegado, entrou em contato com Germano, que também não tinha notícias do jovem. Ambos seguiram para a casa de Gaspar, mas constataram que o advogado não havia passado a noite em casa.

— Aconteceu alguma coisa — disparou Damião — quem sabe o senhor Abelardo sabe de alguma coisa!

Em uma ligação telefônica, coisa rara, o sogro de Gaspar narrou o episódio da fuga da filha com algum criminoso na madrugada anterior, deixando apenas um bilhete que dizia que não amava o noivo. Mudo de tristeza, Damião fitou o velho administrador que, de alguma maneira, leu nos olhos do rapaz a tragédia que havia se desenrolado.

— Uma hora nosso menino vai aparecer — suspirou Germano.

Bem nesse momento, na rua, um vendedor de jornais alardeava que a guerra havia chegado ao Brasil, através da destruição de navios mercantes, do mesmo padrão que a empresa de importação deles possuía.

CAPÍTULO 38

Enquanto o drama de Gaspar se desenrolava, um telegrama chegou à casa de Getúlio. O oficial estava de folga, após uma viagem ao sul do país. Ao ler a mensagem, à mesa do café da manhã, levantou-se apressado e vestiu sua farda.

— Fui convocado! — disse Getúlio a Vilma. — O Brasil foi atacado pela Alemanha!

Entrando em seu automóvel após beijar sua esposa e o filho, o jovem pai de família se dirigiu ao quartel onde servia. Estarrecido, assim como outros oficiais, Getúlio percebeu o precipício onde ele e seu país estavam. Com calma, o homem que fora criado na Doutrina Espírita, foi um dos poucos a silenciar diante dos brados de vingança dos mais exaltados.

Era alta madrugada quando Getúlio regressou à sua casa. Vilma aguardava por ele com os olhos vermelhos de tanto chorar. Silenciosa, beijou o marido cansado, que percebeu que alguma coisa tinha acontecido. Como ela não dizia nada, ele se dirigiu ao quarto do filho, que ressonava tranquilamente. Após banhar-se e comer, Vilma sentou-se ao lado do esposo, que ouvia o rádio.

— Getúlio... — disse Vilma.

— Imagino que agora diga a razão do seu choro — interrompeu o marido com gravidade.

— Seu irmão Gaspar — prosseguiu a dona de casa — foi abandonado pela noiva. Ele teve um surto. Foi levado para a casa de sua mãe pelo próprio dono do bordel, que ficou penalizado com a situação.

Pondo-se de pé, Getúlio alisou os cabelos. Não acreditava que aquilo poderia acontecer com seu irmão, sempre tão senhor de si. Não sentiu alegria no drama de Gaspar, mas sim grande apreensão. Jamais tinham sido amigos, mas ele era seu irmão.

— Quando você soube disso? — indagou o oficial.

— No início da noite — respondeu Vilma — dona Mariza ligou, aos prantos. Ela disse como eu devia proceder quando você chegasse do quartel.

— Bem a cara da minha mãe! — sorriu Getúlio — Controle os danos, Getúlio! Não deixe a coisa ficar pior! Em meu caso, após o dia infernal que tive, sem banho e comida, eu teria um surto também!

— Nos seus livros espíritas há alguma orientação para uma crise dessas? — volveu a mulher, inspirada por Angélica, que estava presente com outros amigos espirituais.

Getúlio caminhou confiante até a estante da sala. Tomou em suas mãos endurecidas pela vida militar o *Evangelho Segundo o Espiritismo,* que Péricles lhe dera há anos. O oficial da Marinha, ligeiramente encabulado, percebeu que não consultava aquele manancial de informações havia algum tempo, nem mesmo cumpria com o compromisso do culto no lar. Prometendo a si mesmo ir à Sociedade Espírita no próximo encontro, Getúlio orou rapidamente pedindo orientação. Seus dedos abriram no item quatro, do capítulo cinco, que versa sobre as aflições. Lendo atentamente e em voz alta, para que Vilma acompanhasse, o jovem falou a respeito das contrariedades da vida e suas origens, que poderiam ser de vidas passadas ou mesmo da vida presente. Meditando sobre a oportuna mensagem, Getúlio resolveu visitar o irmão assim que pudesse.

A imprensa nos dias que se sucederam ao bombardeio dos navios mercantes estimulou a população a clamar por vingança. O governo de Vargas, que sinalizava simpatizar com o Eixo, revia posturas e se aliava aos Aliados, que mesmo combalidos ainda mantinham ferozmente os combates na Europa e norte da África. E Getúlio sabia que cedo ou tarde iria para a guerra.

Quando pôde, três dias depois da notícia, Getúlio foi visitar seu irmão. Gaspar estava com a barba crescida e despenteado. Tinha emagrecido e nem lembrava a figura altiva de outrora. Quando o infeliz se deparou com seu irmão gêmeo, uma súbita ira explodiu dentro de Gaspar.

— Veio me tripudiar, miserável! — gritou o advogado. — veio debochar do traído!

— Não, vim ajudar você! — retrucou Getúlio, que contava com a companhia de Mariza e Germano — apenas isso!

Cerrando os punhos, Gaspar avançou contra seu irmão. Estava transtornado. Germano, no alto dos seus sessenta e três anos, colocou-se entre os irmãos, coibindo o avanço do agressivo Gaspar. Mariza, desesperada, gritou. Percebendo que sua presença não ajudava, Getúlio, silencioso, retirou-se, enquanto seu irmão proferia xingamentos terríveis.

— Temos que ir à Sociedade! — disparou Germano, ofegante. — Você viu, Mariza?

Balançando a cabeça, a viúva concordou com o antigo amigo. Vira um tenebroso vulto. O obsessor, que antes tinha ido embora, abalado e sem querer ajuda, regressara, traiçoeiro e pérfido.

CAPÍTULO 39

A noite chegou rapidamente. Não era dia de trabalho na Sociedade Espírita, mas Péricles e muitos outros, intuídos pelos amigos espirituais, reuniam-se para ajudar a família Pacheco. Marcos novamente estaria presente, auxiliando a falange liderada pelo mentor da casa, o irmão Luiz.

Os lugares foram ocupados sobriamente pelos integrantes dedicados da Sociedade. Mariza, por sua vez, permaneceria em preces sustentando o trabalho. Feita a oração, a mentalização dos participantes criou uma poderosa corrente magnética. Por meio de Carlos Augusto, um vigoroso médium, o obsessor se fez presente. Por vidência, Adelaide e a própria Mariza perceberam que o espírito infeliz era deformado e apresentava trapos de vestes clericais.

— Irmão — disse Péricles, inspirado por Marcos — em nossa última conversa achávamos que tivesse abandonado o sofrimento e que estivesse nos braços meigos de Jesus!

— Ele me deve! — interrompeu o obsessor — Ele me chamou! Sua consciência culpada diz que sou vítima!

— Já falamos sobre isso, meu caro — prosseguiu o doutrinador — se ele falhou com você, sua consciência o fará pagar o débito! Sua vaidade é quem o faz sofrer!

— Não! — rosnou o obsessor — Nuno Borges fugiu de mim por muito tempo. Ele me cevou como a um porco e depois me abandonou à sanha do irmão dele! Afonso me acorrentou por anos sem fim! Primeiro um. Depois o outro! Soube que ele ainda gosta de navegar!

— Não os pegará! — atalhou Péricles, quase com Marcos incorporado. — Falhou antes. Falhará agora, por mais que tente. Onde está a malta de seguidores que tinha? Se antes, com uma falange inteira, não conseguiu, não será agora. Por isso, lhe digo, irmão, abaixe as armas e seja feliz!

Germano, que acompanhava o drama daquele obsessor, sentiu um poderoso influxo sobre seu ser. Abrindo os olhos, reconheceu naquele infeliz um antigo companheiro e soube que ele, em vidas pretéritas, lhe fora, também, um rival.

— Eu peço que me perdoe — disse Germano ao obsessor, por influxo do irmão Luiz — eu peço que me perdoe e aos meninos, que tanto lhe fizeram sofrer.

— Eu conheço você! — disse o obsessor. — Você também é meu inimigo!

— Mas eu não sou seu! — atalhou Germano.

— Sim, é! — gorgolejou a entidade.

— Veja, irmão, atentamente, cada um que está aqui nessa mesa e atrás de nós — prosseguiu Germano — todos nós estávamos lá no velho Portugal! Todos nós buscamos a felicidade e clamamos por seu perdão! Liberte-se da sua dor por meio do perdão.

— Eu sou o abade Gregório! — Vociferou o espírito. — Eu sou um emissário de Deus que foi ultrajado!

— Você parou na estação do autossofrimento — emendou Péricles — nós, que buscamos por Jesus, enfrentamos nossas dificuldades sem culpar a ninguém. Faça o mesmo! Seja feliz!

Gregório baixou a cabeça. Novamente estava vacilante. Via uma estranha luz em todo ambiente e que banhava seus adversários. Estavam todos ali, até mesmo o jovem mouro, chamado Peixe, que matara com as próprias mãos séculos atrás. Vira muitos deles ao longo dos anos de sofrimento, quando era prisioneiro de Afonso. Mas não os tinha reconhecido. Até então.

— Ninguém foge da lei divina da ação e reação — continuou Péricles — ninguém! Quem erra tem que pagar, mas ninguém pode ser o juiz e o carrasco de outro! Você é inteligente, meu irmão, use sua inteligência! O que você ganhou em todos esses anos? Apenas sofrimento. Aceite nossa ajuda e verá que queremos o seu bem. Sem correntes, sem ódio e sem vingança! Apenas a verdadeira bênção divina para você! Eu peço que ore comigo...

    Péricles então proferiu em voz alta o pai-nosso, sendo acompanhado mentalmente pelos demais. Uma chuva de luminosas flores surgiu do Alto, cobrindo a todos os presentes, encarnados e desencarnados. Lentamente, Gregório juntou suas mãos e, proferiu as palavras, "... seja feita a Vossa vontade..."

    Em lágrimas, o pobre espírito rendeu-se para seu próprio benefício. César e outros dois amigos espirituais levaram Gregório para o Núcleo de Socorro dirigido por Marcos. Finalmente, o último dos espíritos era resgatado das zonas umbralinas e se reunia a seus companheiros na estrada para o bem.

CAPÍTULO 40

Apresentando sensível melhora, Gaspar despertou na manhã seguinte. Sem pesadelos, sentia apenas a tristeza pelo abandono. Fez a barba, penteou os cabelos e na sala de estar recebeu um afetuoso abraço de sua mãe, que agradecia intimamente a Deus.

A vergonha pela qual passara tornara-se pública, pois os agentes que Gregório usara já tinham feito seu macabro trabalho, bem como fora o antigo obsessor o instigador do caso entre Ricardo e Jussara. No entanto, tutorado por Damião e Germano, Gaspar retomou sua vida profissional. No entanto, por insistência do velho administrador, uma vez por semana o advogado assistia às preleções doutrinárias na Sociedade Espírita como fazia nos tempos em que Agenor era vivo.

Getúlio, por sua vez, se preparava para a guerra. Sua ansiedade lhe dava dores de cabeça e buscava na leitura edificante o consolo para suas aflições. Não sentia dentro de si o clamor pela batalha, apenas pelo mar. Mas, sabia ele, não fugiria da peleja, nem se comportaria de forma impensável para um orgulhoso oficial. Por fim, em agosto, o Brasil declarou guerra à Alemanha e a família Pacheco e amigos se reuniram em torno de Getúlio para a despedida.

— Não seja temerário, meu filho — disse Mariza, emocionada — sempre se lembre da lei de causa e efeito! Cumpra seu papel sabendo disso!

Entre beijos e abraços, Getúlio ficou emocionado. Jamais sentira tanto amor em sua vida. Então, de repente, sua expressão endureceu. Gaspar estava diante do irmão.

— Prometo cuidar de sua família, Getúlio — disse Gaspar estendendo friamente a mão. De alguma forma, sentia que já havia dito exatamente aquela frase há muito tempo.

— Obrigado — limitou-se a dizer o outro, apertando fortemente a mão do irmão.

O navio com as tropas partiu e a vida de todos seguiu com os percalços habituais. Duas vezes por semana, Gaspar visitava Vilma e Fabiano. Fascinado pela família do irmão, o advogado gastava horas brincando com o pequeno sobrinho, sendo observados de perto pela sensível Vilma. Certa noite, após uma visita, sempre marcada pela cordialidade formal, Gaspar parou seu carro e sentou-se num banco de praça. Sentia-se só. Sabia que era bonito, rico, além de jovem, mas a solidão o feria mordazmente. Seus olhos encontraram a lua, que ainda subia ao topo do céu e ouviu os passos de um casal apaixonado.

— Sou um caído — disse o advogado para si mesmo — sempre cobicei tudo. E até onde sei, era um hábito meu em diversas vidas. Agora chega!

Angélica, testemunhando aquela cena, sorriu. Via no coração do jovem a franqueza. Nos meses que se sucederam à partida de Getúlio para a guerra, a economia entrou ainda mais em convulsão. Os negócios da família começaram a decair e o armazém Pacheco foi fechado. Muitos dos empregados foram demitidos e somente alguns puderam ser remanejados para a fábrica Santa Clara. Germano e Gaspar abriram mão de seus salários e Damião, prestes a ser pai pela primeira vez, reduziu drasticamente o seu, para evitar mais demissões. Em Magé, os negócios também não iam a bons ventos, mas os dois homens de confiança de Germano, Renato e Eraldo, seguravam as rédeas como podiam.

A guerra cobrava seu preço, com listas de mortos e feridos. Longo era o tempo sem notícias dos amados e o medo havia tomado os corações brasileiros. A espiritualidade amiga exortava a comunidade da casa espírita a terem confiança e firmeza, e os convocava ao serviço fraterno de doarem energias aos desencarnados em tratamento.

Finalmente, em 1945, a Segunda Grande Guerra chegou ao fim entre exultações e preces de agradecimento à providência divina. Um carro, em pleno domingo, quando todos os familiares e amigos se reuniram à mesa de dona Mariza, que comemorava seu aniversário de cinquenta e cinco anos, buzinou. Saindo de lá, um alto oficial da Marinha brasileira, com o peito pejado de medalhas saiu. Silêncio geral.

— Alguém pode me dar um prato de comida — disse Getúlio, caminhando calmamente — tem anos que não como nada que preste!

Abraçado por todos e com Fabiano nos braços, que crescera vigorosamente, Getúlio permitiu discretas lágrimas. Passara por momentos de terror, e, por mais de uma vez, acreditou não regressar para sua família.

— Bem-vindo de volta, Getúlio — disse Gaspar estendendo formalmente a mão, bem mais pesado que o empertigado capitão — seja bem-vindo!

— Pai — disse Fabiano, enquanto os irmãos se cumprimentavam formalmente — tio Gaspar é meu melhor amigo!

Surpresos com a manifestação infantil, Getúlio e Gaspar se entreolharam. Parecia que a animosidade deles, iniciada séculos atrás, tinha arrefecido.

CAPÍTULO 41

Os anos correram. Getúlio e Vilma tiveram ainda mais dois filhos, Ernesto e Cecília. Em 1949, Péricles desencarnou, deixando Gaspar, que por anos se recusara a assumir o cargo, na presidência da fábrica. Germano, que voltou à fazenda São Marcos, em 1951, após testemunhar o nascimento de sua neta, Maria de Fátima, também regressou ao mundo espiritual, mas não sem antes fundar uma Sociedade Espírita em Magé e outra em Petrópolis, espalhando ainda mais as flores que o Espiritismo ofertava em nome do Cristo.

Mariza, uma venerável senhora, dividia seu tempo entre a família, a Sociedade Espírita e diversos trabalhos caritativos, sempre acompanhada pelos netos e por seu filho Gaspar, que desenvolvia suas aptidões mediúnicas desde 1944. Em 1961, Mariza, bordando uma bela imagem de uma rosa, sentiu uma forte vertigem e desmaiou. Foi socorrida por Gaspar, que residia com ela e que nunca mais se envolvera com mulher alguma.

— Antes de chamar o doutor Garcia, meu filho — balbuciou a idosa — ponha aquela música para mim.

Gaspar sabia o que sua mãe queria. Pondo na vitrola o disco de Mozart, a quem Mariza e Agenor tinham dedicado atenção especial em suas vidas, a mulher sorriu. O advogado sabia, por intuição, que a hora da matriarca havia chegado. Vendo o espírito de Agenor se sentar ao lado de Mariza, Gaspar telefonou primeiro para o respeitado médico e depois para toda a família.

Com um círculo de pessoas que tanto a amavam, Mariza se despediu com um sorriso, pois já não conseguia falar. Doutor Garcia, espantado, não entendia como sua paciente ainda mantinha a consciência. Lado a lado, Gaspar e Getúlio entraram em oração, sendo seguidos pelos demais. Os espíritos ali presentes fizeram o mesmo. Agenor, visível aos olhos de Mariza, estava exultante. Lentamente, o torpor dominou a velha servidora do Cristo, que mais uma vez voltava à erraticidade. Amparada, a dama que cumpriu dignamente sua missão na Terra, foi levada por Marcos, Germano e Agenor.

Comovente a despedida de Mariza, mas não houve exageros, pois todos ali sabiam que a vida prosseguia e que em breve o reencontro se daria.

— O lugar de nossa mãe, à mesa da Sociedade, precisa ser preenchido — disse Gaspar ao irmão, após o sepultamento — você poderia ocupá-lo.

— Aceito — respondeu prontamente Getúlio, como se já esperasse por aquilo — não sou médium, como mamãe, mas farei o possível.

— Acho, pelo pouco que sei — retrucou o advogado — que sua mediunidade pode ser maior do que a de nossa santa mãe. Acredito que tal dom mediúnico já o livrou de várias coisas.

Getúlio, ouvindo aquilo, silenciou. Fazia sentido. Inúmeras vezes de sua boca saíram bons conselhos a seus subordinados, ou até superiores, que espantavam mais a ele do que ao beneficiado. Sempre que fazia suas orações sentia suas mãos suarem e formigarem. Essa última característica já era de conhecimento geral, por isso, quando ia ao centro, lhe era pedido para ajudar nos passes magnéticos.

Com o acréscimo de Getúlio, a Sociedade Espírita aumentou suas dimensões materiais e espirituais. Um número maior de carentes bateu à porta da Casa de Caridade, bem como outros médiuns chegaram. Os irmãos Pacheco desenvolvendo, cada um sua missão, atendiam diversos casos dramáticos, percebendo quão bela era a providência divina. Em 1964, Gaspar foi alçado, por determinação de irmão Luiz, ao posto de presidente da Sociedade Espírita e Getúlio seria o primeiro-secretário. Os anos continuaram correndo.

Em 1982, após anos turbulentos, o almirante Getúlio Pacheco terminava de conferir seu barco, chamado de *Santa Clara* em homenagem à fábrica de seu pai. O velho comandante estava na reserva

221

há alguns anos, e por vezes, oficiais que tinham servido sob seu comando e que agora lideravam, vinham buscar conselhos com ele. Caminhando pelo convés da embarcação atracada na recém-inaugurada Marina da Glória, Getúlio pensava em sua vida. Sentia que sua atual existência fora boa, mas que ainda lhe pesavam grandes débitos.

Com uma gaivota gritando alto perto de si, o almirante voltou à realidade. Fitando o relógio em seu pulso, Getúlio conferiu a hora.

— Estou na hora — disse Gaspar, caminhando pelo cais — tive um imprevisto na Sociedade, mas estou na hora!

Com a velha formalidade, os irmãos se cumprimentaram. Gaspar também estava aposentado, deixando o comando dos negócios nas mãos de Fabiano, que era um hábil e justo administrador, que tinha ainda como conselheiro o bondoso Damião.

— Esse é o barco? — indagou Gaspar com um estremecimento que não podia precisar o que era. — Ele aguenta?

— Claro que aguenta! — protestou o outro — se vier um maremoto, a coisa fica diferente... Você não queria conhecer o mar? Bem, o *Santa Clara* é seu escaler de cruzeiro.

Sem entender direito a última frase de Getúlio, Gaspar saltou para dentro do barco. Sabia que enjoaria, pois era a primeira vez que navegava e ele não escaparia da pilhéria do velho marinheiro, que lhe fazia o papel de guia naquela empreitada.

Zarparam com bons ventos e o pequeno barco era conduzido com grande habilidade pelo almirante, que no passado conduzira embarcações de guerra. Getúlio, ainda com grande força física, preferira levar o *Santa Clara* sozinho, sem ajuda de grumetes, pois sentia que precisava ficar a sós com seu irmão, coisa que não acontecia desde o ventre da mãe carnal deles, a sempre lembrada Vânia.

Deixaram para trás a Baía da Guanabara avançando para o mar aberto. O ar salgado enchia os pulmões de Getúlio, que cantava as velhas canções dos marinheiros. Gaspar, agarrado ao mastro, observava o irmão. Há muito deixara de invejá-lo e percebeu que o corcovear do barco sobre as ondas não o tinham enjoado.

A dupla jogou suas linhas de pesca e alguns peixes subiram a bordo, verdadeiros troféus. Pouco conversavam, mas os dois se animavam quando o assunto era Fabiano e as crianças, ou ainda quando se lembravam do velho Germano e de seu pai Agenor.

A noite veio com um manto de estrelas inacreditavelmente brilhantes. Engolindo alguns tragos de vinho, pois ambos eram grandes apreciadores da bebida, sobretudo, o rico vinho que era oriundo da cidade portuguesa do Porto, os irmãos sorriram um para o outro.

Adormeceram.

Getúlio despertou no pequeno convés com seus cabelos brancos chicoteando violentamente sua cabeça. Assustado, o almirante percebeu que uma tempestade avançava sobre eles com grande velocidade.

— Acorde, Gaspar! — gritou Getúlio com firmeza, pois não temia o mar — estamos encrencados!

Gaspar, assustado com o tom do irmão, se pôs de pé. Não via mais as estrelas e tudo parecia ter sido tragado pela escuridão vazia.

— Vá para dentro do barco! — ordenou Getúlio, soltando algumas cordas com grande habilidade e correndo para o leme.

— Eu posso ajudar! — gritou o advogado.

— Você não saberia! — retrucou o almirante. — É melhor para nós dois que você fique dentro da cabine! Tente usar o rádio para avisar a Capitania dos Portos!

Com toda sua força, Getúlio tentava dominar o leme do *Santa Clara*. Ele havia consultado a previsão do tempo, e não havia nenhum indicador de que uma tempestade pudesse estar passando por ali. A água começou a entrar no barco e os ventos ficaram ainda mais fortes. O velho marinheiro sabia como terminaria aquela aventura.

— Socorro! — gritava Gaspar no rádio — nós somos do *Santa Clara*! Socorro! O almirante Getúlio Pacheco está no *Santa Clara*, precisamos de ajuda!

Percebendo que o rádio não funcionava, Gaspar saiu de onde estava e, segurando pelas paredes, colocou a cabeça para fora. Viu raios cortando furiosamente o céu e ondas gigantescas em volta do pequeno e corajoso barco. Fitando Getúlio, com seus alvos cabelos ricocheteando o ar salino, Gaspar finalmente percebeu que sua hora chegava. Tal hora seria ruim se seu irmão gêmeo não estivesse com ele.

— O que tenho de fazer? — indagou Gaspar, com imensa autoridade ao irmão.

— Solte a vela — respondeu Getúlio, indicando onde o advogado deveria cortar — quem sabe temos alguma chance!

Com uma faca, Gaspar cortou as cordas, liberando a vela, que foi arrastada pelos ventos furiosos. Uma grande onda se chocou na lateral do navio fazendo o *Santa Clara* gritar e ser jogado em pleno ar. Sem temor, os irmãos se agarravam como podiam. Trovões anunciaram que a tempestade tornara-se ainda mais furiosa. O golpe final se armou sobre os irmãos Pacheco. Ao mesmo tempo, Gaspar e Getúlio se deram as mãos. Seus olhares se cruzaram e um sorriso brotou em seus rostos envelhecidos.

— Meu irmão! — gritaram um para o outro.

EPÍLOGO

Marcos estava na praça do Núcleo da Socorro, que havia erguido em nome do Cristo há anos sem conta. Seu ar venerável se assomava sobre o lugar. Em oração, a sábia entidade esperava que todos os que pudessem se reunissem à sua volta. Flores multicolores se espalhavam por todos os cantos e ninguém ousava pisar nelas. Uma a uma, as pessoas se juntaram em torno do nobre mentor.

— Meus irmãos — disse Marcos, com sua voz possante, assim que foi ladeado pelo irmão Luiz — hoje estamos em festa! Dois diletos filhos do Senhor regressam para nós! Retornam triunfantes das provas que se autoimpuseram. Partiram daqui rancorosos e cheios de cobiça. Retornam mais redimidos e humildes.

O sorriso luminoso da entidade, que tomara aparência hebreia, parecia uma estrela. Abrindo seus braços, os espíritos que ali estavam, abriram um largo caminho. Vieram — trazidos por Mariza,

Agenor e Germano — Gaspar e Getúlio, que ainda contavam com a escolta de Angélica e César, emocionadíssimos.

Levados até Marcos e Luiz, os recém-desencarnados ficaram diante das duas nobres autoridades presentes, ainda enfraquecidos, e o sábio mentor beijou suas mãos marcadas pelos anos na Terra.

— Conheceram-se na velha Grécia, por ocasião do Império de Constantino. E por um rebanho de ovelhas criaram toda uma rede de ódio que os engoliu e que muito cresceu — disse Marcos com energia. — Digladiaram-se por séculos e séculos, em ambos os planos da vida. Seus amores, porém, jamais desistiram de vocês, chegando a grandes sacrifícios. Até que elaboramos um grande planejamento, que se arrastaria por anos sem conta, se necessário, que contaria com muita paciência, perseverança e muito, mais muito amor para que o ódio parasse de crescer. E, uma vez estagnado o crescimento do ódio, há o surgimento do amor, ainda que lento — prosseguiu o sábio — finalmente, como Nuno e Afonso foram novamente à Terra para aprender a se respeitarem. Para, daí, amarem-se como Jesus nos ensina. Mas as coisas foram lentas e doridas. Graças à sabedoria de Nosso Pai Celestial, receberam outras chances, de acordo com a capacidade de vocês. Pacientemente, seus amores os ajudaram! Primeiro, evoluíram um pouco separados, para que, mais fortes, pudessem continuar a jornada de onde haviam parado. Venceram! O amor cura as

227

feridas e os ensinamentos de Jesus nos fazem evitar novas chagas!

Aos prantos, os irmãos ouviam as palavras de Marcos, cuja vibração os revigorava. Sabiam que eram transgressores, pois a Doutrina dos Espíritos assim tinha-os informados, mas não faziam ideia do quão endividados eram. Diante de seus olhos, cenas das suas existências, desde a vida na Grécia passando pela cidade portuguesa do Porto, até a derradeira como Gaspar e Getúlio. Se entreolhando, os irmãos se abraçaram sob as bênçãos de todos ali.

***

Algum tempo depois, nova convocação de Marcos fez todos os espíritos se reunirem no coração do Núcleo de Socorro. Com a sábia entidade estavam Luiz, Agenor, Germano e Mariza, serenos e luminosos. Gaspar e Getúlio, ao lado de Angélica, Zilá e César, sabiam que Mariza, há muito, constava dentre os principais colaboradores do líder, preferindo ficar naquele lugar, nas zonas umbralinas, a estâncias de maior elevação espiritual. Era aquele gesto de Mariza, outrora Amélia, sabiam todos, a maior demonstração de amor por eles.

— Um belo trabalho é realizado aqui neste núcleo — disse Marcos, após as orações — que deve se perpetuar por longos anos, junto ao hospital-escola chamado Terra. Cada um de vocês é fundamental para esse trabalho de serviço cristão, ora como alunos, ora como educadores. — O bondoso espírito então começou a caminhar por entre os espíritos que assistiam àquele discurso. — Meu tempo aqui entre vocês, meus amados irmãos, se encerrou. Nossos irmãos maiores me convocaram a servir a Jesus em outros lugares. Mas não temam ou fiquem tristes! Estamos nos corações uns dos outros e nos veremos sempre. — Abraçando alguns espíritos que começaram um discreto pranto, Marcos prosseguiu — na direção de nossos trabalhos ficará nossa irmã Mariza, pois tem o cabedal necessário para amparar a todos nós, e será auxiliada pelo irmão Luiz! Não nos entristeçamos! Pelo contrário, alegremos os nossos corações! Nada acontece sem a anuência do Pai e todos nos reuniremos à mesa do Senhor em um dia de muita luz! Glória a Deus!

    Iniciando novamente uma oração, Marcos se fez de plena luz branca, sendo seguido por Mariza, Luiz, Germano e Agenor, e a glória deles cobriu toda a modesta colônia, embevecendo a todos e removendo toda a tristeza dos corações doridos. Vozes infantis lideradas pela irmã Juliana, que era responsável pelos jardins das luzes, se elevaram ao céu. Em meio à bendita luminosidade, os habitantes daquele lugar, tão próximo à Terra, puderam ver o semblante do Cristo sorrindo confiante para eles.

    — O amor é o único caminho — disse o Mestre dos Mestres, com sua doce e profunda voz, diretamente ao íntimo de todos os presentes.

Ajoelhados, Gaspar e Getúlio renderam graças ao Senhor e, enxugando as lágrimas dos seus olhos, se prepararam para o novo serviço que se desenrolaria em breve na Terra, e em seus corações havia a esperança e a vontade de vencer suas más inclinações.

FIM

As tormentas da vida são todas passageiras. É na dificuldade que vemos o aprendizado de nossas lições, e é nela que verificamos nossa verdadeira força interior. Navegar nas águas turbulentas da vida na Terra é um trabalho de paciência, perseverança, humildade e fé. Somos herdeiros de Deus, imortais e fadados à perfeição! O que é uma encarnação transitória ante a magnitude de nossa imortalidade?

Espírito Joaquim

GRANDES SUCESSOS DE
ZIBIA GASPARETTO

Com 18 milhões de títulos vendidos, a autora tem contribuído para o fortalecimento da literatura espiritualista no mercado editorial e para a popularização da espiritualidade. Conheça os sucessos da escritora.

Romances
pelo espírito Lucius

- A verdade de cada um
- A vida sabe o que faz
- Ela confiou na vida
- Entre o amor e a guerra
- Esmeralda
- Espinhos do tempo
- Laços eternos
- Nada é por acaso
- Ninguém é de ninguém
- O advogado de Deus
- O amanhã a Deus pertence
- O amor venceu
- O encontro inesperado
- O fio do destino
- O poder da escolha
- O matuto
- O morro das ilusões
- Onde está Teresa?
- Pelas portas do coração
- Quando a vida escolhe
- Quando chega a hora
- Quando é preciso voltar
- Se abrindo pra vida
- Sem medo de viver
- Só o amor consegue
- Somos todos inocentes
- Tudo tem seu preço
- Tudo valeu a pena
- Um amor de verdade
- Vencendo o passado

Crônicas

A hora é agora!
Bate-papo com o Além
Contos do dia a dia
Pare de sofrer
Pedaços do cotidiano

O mundo em que eu vivo
O repórter do outro mundo
Voltas que a vida dá
Você sempre ganha!

Coleção – Zibia Gasparetto no teatro

Esmeralda
Laços eternos
Ninguém é de ninguém

O advogado de Deus
O amor venceu
O matuto

Outras categorias

Conversando Contigo!
Eles continuam entre nós vol. 1
Eles continuam entre nós vol. 2
Eu comigo!
Em busca de respostas
Pensamentos vol. 1
Pensamentos vol. 2

Momentos de inspiração
Recados de Zibia Gasparetto
Reflexões diárias
Vá em frente!
Grandes frases

Sucessos
Editora Vida & Consciência

Amadeu Ribeiro

A visita da verdade
Juntos na eternidade
O amor não tem limites
O amor nunca diz adeus
O preço da conquista

Reencontros
Segredos que a vida oculta vol.1
A beleza e seus mistérios vol.2
Amores escondidos vol. 3

Ana Cristina Vargas
pelos espíritos Layla e José Antônio

A morte é uma farsa
Além das palavras
Almas de aço
Em busca de uma nova vida
Em tempos de liberdade
Encontrando a paz

Ídolos de barro
Intensa como o mar
Loucuras da alma
O bispo
O quarto crescente
Sinfonia da alma

André Ariel

Além do proibido
Em um mar de emoções
Eu sou assim
Surpresas da vida

Carlos Henrique de Oliveira

Ninguém foge da vida
Tudo é possível

Carlos Torres

A mão amiga
Querido Joseph (pelos espírito Jon)
Uma razão para viver

Cristina Cimminiello
O segredo do anjo de pedra

Eduardo França
A escolha
A força do perdão
Do fundo do coração
Enfim, a felicidade
Vestindo a verdade
Vidas entrelaçadas

Evaldo Ribeiro
Aprendendo a receber
Eu creio em mim
O amor abre todas as portas (pelo espírito Maruna Martins)

Flávio Lopes
A vida em duas cores
Uma outra história de amor

Floriano Serra
A grande mudança
A outra face
Ninguém tira o que é seu
Nunca é tarde
O mistério do reencontro
Quando menos se espera...

Gilvanize Balbino
De volta pra vida (pelo espírito Saul)
Horizonte das cotovias (pelo espírito Ferdinando)
O homem que viveu demais (pelo espírito Pedro)
O símbolo da vida (pelos espíritos Ferdinando e Bernard)

Leonardo Rásica
Celeste - no caminho da verdade

Lucimara Gallicia
pelo espírito Moacyr

O que faço de mim?
Sem medo do amanhã

Lúcio Morigi

O cientista de hoje

Marcelo Cezar
pelo espírito Marco Aurélio

Acorde pra vida!
A última chance
A vida sempre vence
Coragem para viver
Ela só queria casar...
Medo de amar
Nada é como parece
Nunca estamos sós
O amor é para os fortes
O preço da paz
O próximo passo
O que importa é o amor
Para sempre comigo
Só Deus sabe
Treze almas
Tudo tem um porquê
Um sopro de ternura
Você faz o amanhã

Márcio Fiorillo

Nas esquinas da vida

Maura de Albanesi
pelo espírito Joseph

O guardião do Sétimo Portal
Coleção Tô a fim

Meire Campezzi Marques
pelo espírito Thomas

A felicidade é uma escolha
Cada um é o que é

Mônica de Castro
pelo espírito Leonel

A força do destino
A atriz
Apesar de tudo...
Até que a vida os separe
Com o amor não se brinca
De bem com a vida
De frente com a verdade
De todo o meu ser
Desejo – Até onde ele pode te levar? (pelos espíritos Daniela e Leonel)
Gêmeas
Giselle – A amante do inquisidor
Greta
Impulsos do coração
Jurema das matas
Lembranças que o vento traz
O preço de ser diferente
Segredos da alma
Sentindo na própria pele
Só por amor
Uma história de ontem
Virando o jogo

Rose Elizabeth Mello

Como esquecer
Desafiando o destino
Os amores de uma vida
Verdadeiros Laços

Sérgio Chimatti
pelo espírito Anele

Apesar de parecer... Ele não está só
Ecos do passado
Lado a lado
Os protegidos
Um amor de quatro patas

Conheça mais sobre espiritualidade com outros sucessos.

 vidaeconsciencia.com.br 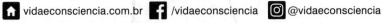 /vidaeconsciencia @vidaeconsciencia

ZIBIA GASPARETTO

Eu comigo!

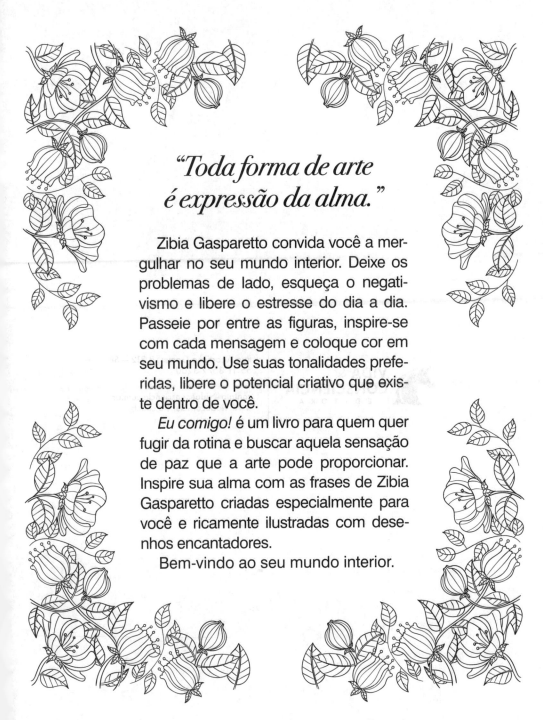

"Toda forma de arte é expressão da alma."

Zibia Gasparetto convida você a mergulhar no seu mundo interior. Deixe os problemas de lado, esqueça o negativismo e libere o estresse do dia a dia. Passeie por entre as figuras, inspire-se com cada mensagem e coloque cor em seu mundo. Use suas tonalidades preferidas, libere o potencial criativo que existe dentro de você.

Eu comigo! é um livro para quem quer fugir da rotina e buscar aquela sensação de paz que a arte pode proporcionar. Inspire sua alma com as frases de Zibia Gasparetto criadas especialmente para você e ricamente ilustradas com desenhos encantadores.

Bem-vindo ao seu mundo interior.

www.vidaeconsciencia.com.br

Rua Agostinho Gomes, 2.312 — SP
55 11 3577-3200

contato@vidaeconsciencia.com.br
www.vidaeconsciencia.com.br